대한민국 압수수색 일문일답

대한민국
압수수색
일문일답

김숙정×허윤

자음과모음

압수수색은 수사기관이 보유한 강력한 무기 중의 하나이다. 그리고 그 무기는 은밀하게, 기습적으로 사용된다. 수사팀은 치밀하게 증거를 모아 압수수색영장을 청구한다. 영장이 발부되면 전광석화처럼 집이나 사무실에 진입하여 필요한 자료를 확보한다. 단 한 차례의 압수수색으로 수사의 성패가 갈리는 경우도 있다. 수사기관이 압수수색에 '사활'을 거는 것은 당연하다.

수사를 잘 모르는 당사자는 수사기관의 압수수색에 위축될 수밖에 없다. 영장에 적힌 내용은 한눈에 들어오지 않는다. 영장에 적힌 압수수색의 대상, 물건, 범위 등 난해한 단어를 짧은 시간에 해석하는 것은 사실상 불가능하다. 그렇다 보니 나의 권리가 무엇인지, 수사기관이 하면 안 되는 행위가 무엇인지 알 수가 없다.

형사소송법과 인권보호수사규칙 등은 압수수색을 당하는 사람이 영장을 제시받는 시작 단계부터 압수물을 돌려받는 마지막 단계까지, 방어권을 어떻게 행사해야 하는지 규정하고 있다. 그러나 이 과정에서 자신의 권리가 무엇인지 정확하게 아는 사람은 거의 없다. 실제 현장에서는 법이 예정하지 않은 돌발 상황이 수시로 발생하고, 심지어 법 규정이나 영장 내용에 대한 해석을 두고 수사기관과 압수수색 당사자 간 갈등이 발생하는 일도 많다.

이 책은 청와대, 국회, 선관위, 검찰, 정부기관, 교육청, 선거사무소, 기업 본사 등 출입조차 어려운 주요 시설을 모두 압수수색해본 검사 출신 변호사들이 현장에서 겪은 상황을 토대로 쓴 압수수색 해설서이다.

법에 규정된 당사자의 권리와 의무를 상황별로 구체

적으로 제시해, 압수수색을 당하는 사람이 수사기관과 최대한 동등한 입장에서 방어권을 행사할 수 있도록 돕고자 썼다.

압수수색이 들어오면 무엇을 해야 하는지, 영장은 어떻게 보는지, 카카오톡 메시지는 복원이 되는지, 압수된 서류를 돌려받을 수 있는지, 휴대전화 압수수색은 무엇을 하는 것이고 비밀번호를 알려줘야 하는지, 디지털 포렌식은 어떤 것이고 선별절차는 무엇인지 등 수사를 받고 있다면 알아두어야 할 쟁점을 총망라했다.

매일 매스컴을 장식하고 있는 압수수색이 궁금하다면, 이 책이 답이다. 지금 압수수색을 걱정하고 있다면, 이 책이 열쇠이다. 명쾌한 가이드라인이 되어줄 것이다.

김숙정·허윤

차례

PART 2   영장의 제시와 변호인의 참여

PART 4 수색할 장소, 신체, 물건

PART 5 　　　　　　　　　　　　　　　　　　　　　　　　　　　　**압수할 물건**

PART 8 압수물의 처리

PART 1

압수수색의 시작

01

압수수색은
통상적인 수사 단계인가요?

드라마를 보면 검사나 수사관이 "압수수색영장입니다"라고 외치며 우르르 몰려 들어와 수색을 시작합니다. 순식간에 방이나 사무실로 쏟아져 들어오는 수사팀이 커다란 박스에 물건들을 쓸어 담고, 이를 망연자실하게 바라보는 압수수색 대상자의 얼굴이 클로즈업되지요.

검찰이 발표한 2023년 우리나라 전체 범죄의 발생 건수는 약 161만 건 정도입니다. 이 중에는 경미한 교통사고 사건부터 성폭력 사건, 마약 사건, 명예훼손 사건, 권력형 비리 사건, 중대 재해 관련 사건 등 매우 다양한 사건이 포함되어 있습니다.

수사를 하는 기관의 종류도 다양합니다. 경찰, 해양경찰, 특별사법경찰, 검찰, 공수처 등 수사기관들은 매일 접수되는 고소장, 고발장, 진정서, 신고서, 투서 등을 하나씩 확인하여 사건을 어떻게 진행할 것인지 구분합니다. 신속하게 검토하여 바로 처리해야 하는 것인지, 고소인이나 고발인을 불러서 추가로 이야기를 들어볼 것인지, 자료를 제출받아 고소, 고발 내용을 보충해야 하는 것인지, 압수수색 등 강제수사에 들어가야 할 것인지를 판단합니다.

모든 사건에 똑같은 시간과 노력을 들여 수사를 한다는 것은 현실적으로 불가능합니다. 그래서 한정된 수사력을 최대한 효율적으로 활용하도록 계획을 세우는 것이지요.

이때 고소인, 고발인을 수사기관으로 불러 내용을 확인한다거나 추가 자료 제출을 요구하는 건 크게 어렵지 않습니다. 반면에 압수수색과 같은 강제수사로 나아갈지 여부를 결정하고 준비하는 과정은 간단하지가 않습니다.

　수사기관은 먼저 압수수색이 필요할 정도로 피의자가 죄를 범하였다고 의심할 만한 정황이 있는지, 그리고 압수수색을 통해 확보해야 할 자료들이 범죄와 관련성이 있는지 등을 판단한 후 영장청구서를 작성하게 됩니다. 영장을 발부하는 주체는 판사이고, 엄격한 기준으로 영장청구가 적절한지를 판단하기 때문에, 검사는 영장을 청구하면서 강제수사가 필요한 이유를 상당히 설득력 있게 제시해야 합니다.

　이때 영장청구서와 함께 수백 페이지, 수천 페이지에 달하는 양의 수사보고와 증거자료 등이 법원에 들어갑니다. 강제수사란 누구든 숨기고 싶은 내밀한 영역까지 파고드는 일이기 때문에 기본적으로 인권침해를 수반할 수밖에 없습니다. 그러한 이유에서 판사는 신중을 기할 수밖에 없고, 수사기관은 판사를 설득하기 위해 시간과 노력을 들여 자료를 준비합니다.

　이러한 과정은 짧게는 며칠, 길게는 몇 주일 이상이 걸리기도 합니다. 이렇게 힘들게 발부받은 영장을 가지고 집행한 압수수색이기 때문에 수사기관은 초긴장 상태에서 엄청난 집중력으로 압수수색을 합니다. "무조건 찾겠다", "1개라도 걸려라", "가능한 한 장소를 모두 확인하겠다" 등 압수수색에 나서는 수사기관의 의지는 상상 이상입니다. 압수수색을 많이 하다 보면 어디에서 뭐가 나올지 대략적으로 예상할 수 있지만 때로 상상도 할 수 없는 곳에서 증거가 발견되는 경우도 있어, 수사관들은 작은 단서라도 찾아내기 위해 애를 씁니다.

실제로 초기 압수수색에서 확보한 증거 단 1개로 유죄가 선고된 사건도 종종 있습니다. 동일한 사실관계를 두고 여러 명의 관계자가 제각각 다른 주장을 할 때, 압수수색을 통해 확보된 작은 증거 하나가 누구의 말이 진실에 부합하는지 파악할 수 있는 열쇠가 되기도 합니다.

압수수색은 수사의 본격적인 시작이며 유죄와 무죄가 구분되는 시발점입니다. 압수수색의 중요성은 아무리 강조해도 지나치지 않습니다.

02

언제 압수수색이 들어올지
예상할 수 있나요?

 압수수색을 왜 할까요? 범죄혐의를 밝히기 위한 증거를 확보하기 위해서입니다. 수사기관이 압수수색을 하면서 눈앞이 깜깜해지는 순간은, 어렵게 영장을 받아 현장을 뒤져 보아도 아무것도 없을 때입니다.

 "영장을 발부받았으니 몇 월 며칠 몇 시에 어디로 방문하겠다"라고 미리 알려주면, 그사이에 무슨 일이 벌어질까요?

 뉴스에서 보셨겠지만, 갑작스럽게 압수수색이 들어오면 별 상황이 다 발생합니다. 휴대전화를 창밖으로 던지는 사람, 컴퓨터를 부수는 사람, 침대 밑에 서류를 숨기고 깔고 앉는 사람, 관련자에게 전화를 걸어 입단속을 시키는 사람, 심지어 본인이 창밖으로 뛰어내려 도주를 시도하는 사람까지. 어떻게든 증거를 숨기려고 하지요.

갑자기 압수수색이 시작되어도 이런 일이 벌어지는데, 수사기관이 압수수색을 미리 알려주거나 언제쯤 하게 될 것이라고 양해를 구할까요?

주변에서 종종 경찰 또는 검사가 불러서 조사를 받아봤더니 "예상했던 것보다 잘 모르더라", "내가 말하는 대로 다 받아 적어 주더라", "자료 제출하라고 해서 대충 제출했더니 더 괴롭히지 않더라" 하면서 안심하고 있다가 갑자기 압수수색을 당해 뒤늦게 상담을 요청하시는 분도 계십니다.

압수수색은 그 시기를 예상하기 어렵습니다. 자신이 어떠한 범죄에 연루되어 있다면, "아, 압수수색이 들어올 수도 있겠다" 정도의 예상은 할 수 있겠으나, 그 시기를 예측하는 것은 사실상 불가능에 가깝습니다. 압수수색이 들어오는지 여부도 '사회적으로 물의를 일으켜 국민의 공분을 사거나 피해자가 많고, 피해 정도가 클 경우 가능성이 높다'는 정도의 수준으로 예측할 수밖에 없습니다.

수사기관이 피의자의 범죄혐의를 어느 정도 파악한 다음, 그 혐의를 명확하게 밝히기 위해 여러 방법을 동원하여 수사를 진행하는데, 압수수색은 수사기관이 선택할 수 있는 가장 강력한 무기 중 하나입니다. 그리고 그 무기는 은밀하게 기습적으로 사용해야 효과가 극대화됩니다. 따라서 수사팀은 수사가 시작되었다는 사실이 외부에 알려지기 전에 전광석화처럼 압수수색을 준비합니다.

수사기관은, 수사가 개시된 사실이 알려지거나 사건과 관계된 사람을 불러 조사를 하면 증거인멸이 시작된다고 생각합니다. 그래서 중요한 사건일수록 수사 초기, 사람을 부르기도 전에 확실한 증거를 잡기 위해 압수수색을 실시하는 것입니다.

그러나 수사가 진행되는 동안에 압수수색을 실시할 수도 있습니다. 사건을 경험한 여러 사람들이 동일한 사실관계를 두고 다른 내용의 말을 할 때, 말의 내용과 객관적인 자료가 일치하지 않을 때, 저 사람이 하는 말이 과연 맞을까 의심이 들 때 그 진위를 파악하기 위해 강제수사에 들어가는 것입니다.

또한 수사가 마무리 단계에 있을 때에도, 기존에 확보한 증거를 더욱 강하게 보강하기 위한 압수수색을 하거나 미진한 부분에 대한 증거 확보를 위한 압수수색을 하는 경우도 얼마든지 가능합니다.

이처럼 압수수색은 언제 들어올지 알 수가 없습니다. 한 가지 확실한 것은, 무방비 상태에서 압수수색을 당하게 되면 회복하기 어려운 상황에 처할 수도 있다는 점입니다.

"영장 없는 압수수색이 가능한가요?"

압수수색과 같은 강제수사를 하려면 영장이 필요하지만, 긴급성을 감안하여 예외적으로 압수수색이 허용되는 경우가 있습니다.

체포영장에 의한 체포, 긴급체포, 현행범인 체포, 구속영장에 의해 구속하는 경우 필요한 때에는 영장 없이 그 현장에서 압수수색을 할 수 있습니다(형사소송법 제216조 제1항 제2호 및 제2항).

피의자를 체포 또는 구속하는 현장에서 범죄사실과 관련된 증거자료, 체포자에게 위해를 가할 우려가 있는 무기나 흉기, 도주의 수단이 될 수 있는 물건 등을 압수수색할 수 있도록 허용하여 피의자가 증거인멸하는 것을 방지하고, 체포 또는 구속 현장에서 야기될 수 있는 위험을 막기 위하여 예외적으로 허용하는 것입니다. 이 경우 만약 압수한 물건을 계속 압수할 필요가 있을 때에는 체포한 때로부터 48시간 이내에 압수수색영장을 청구해야 합니다.

또한 범죄 중이거나 범행 직후의 범죄 장소에서 긴급할 경우 영장 없이 압수수색을 할 수도 있습니다(형사소송법 제216조 제3항).

이러한 긴급압수수색은 범행이 진행 중이거나 범행 직후의 범죄현장에서, 증거보전의 시급성으로 인해 판사의 영장을 발급받을 시간적 여유가 없는 특수한 상황에서만 인정됩니다.

통상 범죄현장에는 범죄와 관련된 물적 증거가 많은데, 이러한 증거가 없어지지 않고 신속하게 확보할 수 있도록 영장주의 예외(사후에 영장을 청구할 수 있다는 것)를 열어둔 것입니다.

이처럼 긴급압수수색을 한 경우, 형사소송법은 사후에 '지체 없이' 영장을 받도록 규정하고 있는데, 실무상으로는 48시간을 기준으로 보고 있습니다.

법원은 긴급압수수색이 적법한지를 사후적으로 살펴보며, 범죄의 중대성, 증거인멸의 구체적 위험, 현장 상황의 위급성, 압수수색의 필요성과 상당성 등을 그 핵심적 판단 요소로 하여 객관적 상황에 비추어 긴급성이 인정되는지를 평가합니다. 만약 영장을 나중에 청구할 만큼 긴급한 상황이 아니었다면, 법원은 압수수색에 대해 위법하다고 판단할 수 있습니다.

03

이른 새벽, 압수수색을 나왔다며
문을 열라고 합니다.
반드시 열어줘야 하나요?

집주인의 허락 없이 함부로 남의 집에 들어가면 주거
침입이 되지요. 주거의 자유는 헌법이 보장하고 있는 중
요한 기본권입니다. 하지만 영장이 있다면 가능합니다.

헌법

제16조

모든 국민은 주거의 자유를 침해받지 아니한다. 주거에 대한 압
수나 수색을 할 때에는 검사의 신청에 의하여 법관이 발부한 영
장을 제시하여야 한다.

그렇다고 수사관이라고 해서 무턱대고 문부터 열어줄 수는 없지 않나요?

압수수색을 하는 공무원은 자신의 소속과 성명을 밝혀야 하고, 영장을 제시하면서 왜 압수수색을 하는지 설명해야 합니다. 담당자의 소속과 성명을 확인하였다면, 더 큰 문제가 발생하지 않도록 일단 문을 열어주되, 우리가 보장받을 수 있는 정당한 권한을 최대한 행사하면서 압수수색에 대응해야 합니다.

04

너무 무서운데,
압수수색 그냥 못 들어오게 하면
안 되나요?

압수수색은 개인의 재산권, 주거권, 인격권 등 기본권을 침해하는 수사 방식입니다. 범죄혐의를 밝히기 위한 수사의 필요성이 크고 중대하다 할지라도, 그 필요성 때문에 국민의 기본권이 함부로 침해되는 것은 용납되기 어렵습니다. 그렇기 때문에 헌법에 '영장'이라는 제동장치를 마련한 것이지요. 이렇게 법원으로부터 미리 받아둔 영장에 의해 강제수사를 하도록 하는 것을 '사전영장의 원칙'이라고 합니다.*

만약 영장을 발부받아 압수수색을 하러 왔는데 문을

열어주지 않는다면 다음과 같은 문제가 발생할 수 있습니다.

첫 번째, 강제로 문을 열 수 있습니다.

범죄를 저질렀다고 생각되는 의심스러운 상황에서 영장까지 받아 왔는데 만약 문을 열지 않는다면, 집 안에서 중요한 증거를 숨기거나 없애려고 한다는 의심을 받을 수 있습니다. 증거를 인멸할 시간을 주지 않기 위해 수사기관이 비밀리에 수사하여 영장까지 발부받았는데, 압수수색을 코앞에 두고 집 안에서 증거가 사라져 가는 상황을 과연 수사기관이 지켜볼까요? 증거인멸이 급박하게 이루어지고 있다고 판단할 경우, 수사기관은 문을 뜯거나 잠금장치를 뜯어내는 방법으로 들어갈 수도 있습니다.

* 물론 모든 원칙에는 예외가 있습니다. 예를 들어 긴급하게 현행범인을 체포해야 할 때 영장 없이 다른 사람의 집을 뒤질 수도 있고, 그 사람을 체포하는 자리에서 필요한 경우 그 현장을 뒤질 수도 있습니다. 법원이 발부한 구속영장을 집행하기 위해 사람을 잡았을 때 그 자리에서 영장 없이 압수수색을 할 수도 있습니다.

> **형사소송법**
>
> **제120조(집행과 필요한 처분)**
>
> ❶ 압수·수색영장의 집행에 있어서는 건정을 열거나 개봉 기타 필요한 처분을 할 수 있다.

두 번째, 문을 잡고 실랑이하는 과정에서 공무집행방해가 문제 될 수 있습니다.

수사기관이 영장을 집행하기 위해 집이나 사무실로 들어오는 것을 막으려고 몸싸움을 하거나 문을 잡고 승강이를 하는 경우가 있는데요. 폭행이나 협박이 있었다고 판단되면 공무집행방해의 현행범이 될 수도 있습니다.

나아가 폭행이나 협박의 정도를 넘어 수사관에게 상해를 입혔다면 별도로 폭행치상죄 또는 상해죄가 성립할 수도 있습니다. 또한 단체 또는 다중의 위력을 보이거나 위험한 물건을 휴대하여 공무집행을 방해할 경우 특수공무집행방해죄가 성립할 수 있습니다.

> **형법**
>
> **제136조(공무집행방해)**
> ❶ 직무를 집행하는 공무원에 대하여 폭행 또는 협박한 자는 5년
> 이하의 징역 또는 1천만원 이하의 벌금에 처한다.
>
> **제144조(특수공무집행방해)**
> ❶ 단체 또는 다중의 위력을 보이거나 위험한 물건을 휴대하여 제
> 136조의 죄를 범한 때에는 정한 형의 2분의 1까지 가중한다.

세 번째, 만약 문을 잡고 있는 동안 집 안에서 다른 사람이 문제가 될 만한 자료를 숨기거나 버리는 경우 증거인멸로 처벌받을 수 있습니다.

형사사건의 증거를 없애버리거나 숨기거나 다른 자료로 바꿔치기하거나 내용을 조작할 경우 형법상 증거인멸이 문제 될 수 있습니다.

다만 형법에서는 '타인의' 형사사건, 즉 내가 아닌 다른 사람의 형사사건에 대한 증거에 손을 대는 경우를 범죄로 규정하고 있습니다. 즉, '나의' 형사사건이라면 그

증거를 없애더라도 증거인멸죄가 되지는 않는다는 것이지요.

사람은 본능적으로 자신을 보호하려 하기 때문에, 자신이 저지른 범죄의 증거를 없애려고 하는 것까지 처벌하기는 어렵다는 의미입니다. 나아가 같이 사는 가족이나 피를 나눈 친족이 본인을 위해 증거인멸을 하더라도 처벌되지는 않습니다.

그렇다면 자신의 범죄 증거를 없애려는 행위가 '증거인멸죄'가 되지 않는다거나 같이 사는 가족이 처벌받지 않아도 된다고 해서 증거를 마구 없애버려도 괜찮을까

형법

제155조(증거인멸등과 친족간의 특례)

❶ 타인의 형사사건 또는 징계사건에 관한 증거를 인멸, 은닉, 위조 또는 변조하거나 위조 또는 변조한 증거를 사용한 자는 5년 이하의 징역 또는 700만원이하의 벌금에 처한다.

❹ 친족, 호주 또는 동거의 가족이 본인을 위하여 본조의 죄를 범한 때에는 처벌하지 아니한다.

요?

당연히 문제 될 수 있습니다. 처벌 여부와 상관없이 구속할 만한 사유에는 해당할 수 있기 때문입니다. 압수수색 과정에서 그 절차에 협조하는지, 증거인멸을 하고자 하는 시도가 있었는지 여부는 검사가 구속영장을 청구할지 판단할 때 매우 중요한 기준이 됩니다.

뉴스에서 압수수색 중 컴퓨터나 휴대전화를 창문 밖으로 던져버렸다는 기사를 본 적 있으시지요? 그런 경우 검사는 십중팔구 구속영장을 청구합니다. 증거를 인

형사소송법

제70조(구속의 사유)

❶ 법원은 피고인이 죄를 범하였다고 의심할 만한 상당한 이유가 있고 다음 각 호의 1에 해당하는 사유가 있는 경우에는 피고인을 구속할 수 있다.

1. 피고인이 일정한 주거가 없는 때
2. 피고인이 증거를 인멸할 염려가 있는 때
3. 피고인이 도망하거나 도망할 염려가 있는 때

멸할 염려가 너무나 명확하게 확인된 상황이니까요.

　나아가 압수수색 과정에서 증거인멸을 하려고 시도하였다면, 실제로 증거인멸을 성공하지 못했을지라도 법원이 판결을 선고할 때 불리한 정상(범행 후의 정황)으로 보고 양형에 반영됩니다. 더 무겁게 처벌될 수 있는 것이지요.

"수사팀이 집에 들어오다 출입문을 파손했습니다.
어떻게 해야 하나요?"

　마약 범죄를 수사하던 수사관이 압수수색을 시도하던 중 주거지 진입을 위해 출입문을 파손한 사건이 발생했습니다.

　법정에서는 마약류관리법위반 등 범죄혐의에 대한 수사과정에서 주거지 진입을 위해 출입문을 파손한 행위가 적법한 것인지 다투었습니다.

　법원은 형사소송법 제120조 제1항에 따라 압수수색 시 '건정을 열거나 개봉 기타 필요한 처분'이 가능하며, 이는 수색에 필요한 범위 내에서 건정 장치를 파손하는 것도 포함한다고 보았습니다.

　다만 법원은 이러한 물리력 행사는 최후의 수단이어야 한다는 입장입니다. 즉, 다른 방법을 사용해보고, 주거지에 들어가는 것이 상당히 어려워진 경우에만 강제로 들어가야 한다는 것이지요.

실제로 다른 방법을 사용하였는지가 쟁점이 된 사건이 있었습니다.

마약 수사를 하던 경찰이 손잡이를 부수고 주거지에 들어간 사안에서, 법원은 "경찰은 처음에 우체국에서 왔다며 출입문을 피의자가 스스로 열고 나오도록 유도했으나 성공하지 못했고, 피의자가 주거지에 있는 것이 명확함에도 불구하고 휴대전화 전원을 꺼놓는 등 의심스러운 정황이 발생하여 소방서에 연락하여 출입문 중 손잡이 부위만을 파손하고 주거지 안으로 들어간 행위는 적절했다"라고 판단했습니다.

물적 피해를 야기하지 않으면서 수색하려던 수사기관의 노력이 피의자의 협조가 뒷받침되지 않아 결국 좌절되었던 것이므로, 이렇게 노력을 하고 경찰이 주거지의 출입문을 파손한 것은 수색 목적을 달성하기 위하여 불가피한 조치였다고 본 것입니다.

"압수수색에 저항하다 공무집행방해죄로
처벌받을 수 있나요?"

필로폰 투약혐의를 수사 중이던 마약수사대 소속 경찰관들로부터 소변채취용 압수수색검증영장 집행을 위해 경찰서 동행을 요구받은 피의자가 옷가지를 챙겨 입는다는 이유로 집 안을 왔다 갔다 하면서 시간을 끌었습니다. 그러다가 싱크대 쪽에서 위험한 물건인 부엌칼(날길이 20센티미터)을 꺼내어 집어 든 다음 출입문 안쪽을 지키고 있던 경찰관에게 부엌칼을 휘두르며 마치 찌를 것처럼 위협했습니다. 이 사안에서 법원은 '위험한 물건'으로 '공무집행을 방해'했다는 혐의로 피의자에게 특수공무집행방해죄를 인정했습니다.

"압수수색 중이나 그 이후 증거인멸을 시도하면 처벌에 반영되나요?"

압수수색과 관련하여 증거를 인멸하면 엄하게 처벌될 수 있습니다. 아래 사례처럼 증거인멸로 인하여 더욱 엄중하게 처벌된 사안도 있습니다.

"피고인은 스마트폰 어플리케이션을 통해 알게 된 만 14세의 중학생인 피해자를 4회에 걸쳐 간음하고, 나아가 피해자와의 성관계 영상을 직접 촬영하거나 피해자로 하여금 음부나 가슴 등을 사진과 동영상으로 촬영하여 전송하게 하는 방법으로 90회에 걸쳐 아동·청소년 성착취물을 제작하기까지 하여 그 죄질이 좋지 아니하다. 피해자는 이 사건 범행 이후 자해를 시도하고 정신과 치료를 받는 등 극심한 정신적 고통을 받고 있고, 가족들도 그로 인한 심리적 고통을 겪고 있어 피해의 정도도 중하다. 피고인은 피해자 측으로부터 용서받지 못하였고, 오히려 피해자 측에서 피고인에 대한 엄벌을 탄원하고 있다. 피고인은 압수수색 과정에서 수사기관으로부터 G 계정을 탈퇴하거나 보관 중인 자료를 삭제하지 말 것을 고지받았음에도 압수수색 다음 날 G의 일부 계정을 임의 탈퇴하여 증거인멸을 시도하기도 하였다. 이와 같은 피고인의 범행 내용과 횟수, 피해의 정도, 범행 후의 정황 등을 고려할 때 피고인에 대한 엄중한 처벌이 불가피하다."

05

국회의원은 압수수색을 못 하게
막을 수도 있나요?

　법을 만들고 고칠 수 있는 권한이 부여된 국회의원이라고 할지라도 법 위에 존재할 수는 없습니다. 형사소송법에 따라 발부된 영장의 집행 자체를 막을 수 없습니다.

　다만 국회의원은 공무상 비밀이라는 이유로, 또는 군사기밀을 취급한다는 이유로 압수수색을 막아보려는 시도를 할 수는 있을 것입니다. 그러한 주장이 받아들여지려면 공무상 비밀이라는 점이 이미 신고되어 있거나 군사기밀이라는 점이 표시되어 있는 등의 조치가 취해져 있어야 하는데, 국가의 중대한 이익을 해하는 경우를

형사소송법

제110조(군사상 비밀과 압수)

❶ 군사상 비밀을 요하는 장소는 그 책임자의 승낙 없이는 압수 또는 수색할 수 없다.

❷ 전항의 책임자는 국가의 중대한 이익을 해하는 경우를 제외하고는 승낙을 거부하지 못한다.

제111조(공무상 비밀과 압수)

❶ 공무원 또는 공무원이었던 자가 소지 또는 보관하는 물건에 관하여는 본인 또는 그 당해 공무소가 직무상의 비밀에 관한 것임을 신고한 때에는 그 소속공무소 또는 당해 감독관공서의 승낙 없이는 압수하지 못한다.

❷ 소속공무소 또는 당해 감독관공서는 국가의 중대한 이익을 해하는 경우를 제외하고는 승낙을 거부하지 못한다.

제외하고는 책임자의 승낙을 받아 압수수색이 가능하므로 막무가내로 압수수색을 막을 수 없습니다.

때로는 정치적인 이유로 압수수색을 시작하지 못하도록 시간을 끌며 언론에 압수수색의 부당함을 호소하는 경우도 있습니다. 그 과정에서 국회의원의 보좌직원들이나 다른 국회의원들, 당직자까지도 몰려와 압수수색을 하지 못하도록 막는 경우도 있는데, 많은 사람이 모여 위세를 과시하며 정당한 공무집행을 방해할 경우 '특수공무집행방해'가 성립할 수도 있습니다. 만약 그 과정에서 누가 다치거나 사망한다면 더욱 중하게 처벌받을 수도 있습니다.

형법

제144조(특수공무방해)

❶ 단체 또는 다중의 위력을 보이거나 위험한 물건을 휴대하여 제136조(공무집행방해), 제138조와 제140조 내지 전조의 죄를 범한 때에는 정한 형(5년 이하의 징역 또는 1천만원 이하의 벌금)의 2분의 1까지 가중한다.

❷ 제1항의 죄를 범하여 공무원을 상해에 이르게 한 때에는 3년 이상의 유기징역에 처한다. 사망에 이르게 한 때에는 무기 또는 5년 이상의 징역에 처한다.

● 심화

"대통령실은 압수수색이 가능한가요?"

형사소송법 제110조와 제111조는 군사상 비밀 및 공무상 비밀과 관련된 압수수색 규정입니다. 이 규정들은 군사상 비밀을 요하는 장소나 공무원이 보관하는 직무상 비밀에 관한 물건에 대해서는 각각 그 책임자나 소속 공무소의 승낙을 받도록 하면서도, 국가의 중대한 이익을 해하는 경우를 제외하고는 그 승낙을 거부할 수 없도록 규정하고 있습니다.

대통령실(종래 청와대를 포함)은 '군사상 비밀을 요하는 장소는 책임자의 승낙 없이는 압수 또는 수색할 수 없다'는 규정(제110조 제1항)과 '공무원의 직무상 비밀에 관해 소속 공무소나 감독관공서의 승낙 없이는 압수하지 못한다'는 규정(제111조 제1항)을 근거로, 압수수색을 거부(불승인)하는 입장을 취해왔습니다. 대통령이 국가 최고의 통치기관인 만큼 공무상 비밀로 신고된 자료가 방대하고, 더욱이 군 통수권자의 지위에 따라 군사기밀을 취급하고 있으며 특히 '승낙'이 없기 때문에 압수수색이 어렵다는 것입니다.

대신 대통령실은 필요한 자료를 수사기관에 임의제출하는 형식으로 압수수색에 대처해왔습니다. 수사기관도 대통령실의 특수성, 즉 국가 최고 통치기관으로서의 기능 보호를 고려해야 한다는 입장으로 인하여 압수수색에 적극적이지 못했던 측면도 있습니다.

여기서의 문제는, 이미 법원으로부터 강제수사를 허가받았는데 '임의제출'의 방식으로 임의수사를 한다는 것입니다. 수사의 필요성을 판단하는 주체가 수사기관이고, 더욱이 증거인멸 등을 막기 위해 강제수사에 나선 것인데, 수사의 대상자가 자의적으로 필요한 자료를 선별하여 제출한다면 '영장'에 의한 강제수사의 취지를 무색하게 만드는 것이기 때문입니다.

또한 대통령실이 "책임자의 승낙이 없다"는 이유로 압수수색을 항상 거부할 수 있는지에 대해 부정적 인식이 높습니다. 형사소송법 제110조 제2항과 제111조 제2항에 따라 책임자의 '승낙'이 없어도 압수수색이 가능하다는 해석이 나오고 있습니다. 위 조항은 '국가의 중대한 이익을 해하는 경우를 제외하고는 승낙을 거부하지 못한다'고 되어 있습니다. 즉, 수사기관의 압수수색이 국가의 중대한 이익을 해한다고 볼 수 없는 경우에는 승낙해야 하므로, 이 조항에 따라 압수수색이 가능하다는 것이지요.

결국 대통령실을 압수수색할 수 있는지 여부는 형사소송법상 '국가의 중대한 이익을 해하는 경우'에 달려 있습니다.

06

집 치울 시간을
달라고 해도 되나요?

지금, 주변을 둘러보세요. 바닥에 굴러다니는 양말, 그릇이 쌓인 싱크대, 먹다 남긴 배달음식이 펼쳐진 식탁, 빨래건조대에 널려 있는 속옷…. 외출할 땐 말끔하게 차려입고 나가더라도 집에서는 다르지요. 아직 씻지도 않은 채 무릎 나온 추리닝을 걸치고 가장 편한 차림으로 집에서 쉬고 있을 때 모르는 사람들이 갑자기 집으로 들어오는 장면! 상상만 해도 끔찍하지 않나요?

그럼에도 개인의 자유를 침해할 수 있는 것이 영장입니다.

이부자리라도 치울 수 있도록, 속옷이라도 치울 수 있도록 수사관에게 부탁했을 때, 사정을 헤아려 조금 기다려주는 분도 있습니다. 하지만 여기서 잊지 말아야 할 점은, '어차피 다 뒤진다!'는 것입니다. 속옷이 들어 있는 서랍장도, 이불 밑도, 침대 밑도, 심지어 쓰레기통까지 다 뒤집니다.

또한 수사관 입장에서는 인권보호 차원에서 기다려준다 해도 그 과정에서 증거가 없어진다면 큰일이기 때문에 매의 눈으로 모든 행동을 지켜볼 것입니다. 압수수색을 늦춰볼 생각에 시간을 끄는 것으로 보이거나 수사관 몰래 증거를 없애려는 시도를 하는 것이 아닌가 의심받을 수도 있습니다.

"특수공무집행방해가 되는
'다중의 위력'이란 무엇인가요?"

압수수색을 저지하기 위해 경찰관들을 몸으로 막고 밀치거나 어깨를 잡아당겨 넘어지게 하는 등의 행위가 '다중의 위력을 보인 때'에 해당하지 않는다고 주장한 사안이 있습니다.

이에 대하여 법원은 "형법 제144조의 **'다중'**이라 함은 단체를 이루지 못한 다수인의 집합을 말하는 것으로, 이는 결국 집단적 위력을 보일 정도의 다수 혹은 그에 의해 압력을 느끼게 해 불안을 줄 정도의 다수를 의미한다 할 것이고, 다중의 **'위력'**이라 함은 다중의 형태로 집결한 다수 인원으로 사람의 의사를 제압하기에 족한 세력을 지칭하는 것으로서 그 인원수가 다수에 해당하는가는 행위 당시의 여러 사정을 참작하여 결정하여야 할 것이며, 이 경우 상대방의 의사가 현실적으로 제압될 것을 요하지는 않는다고 할 것이지만 상대방의 의사를 제압할 만한 세력을 인식시킬 정도는 되어야 한다고 해석함이 타당"하다고 하면서, 특수공무집행방해죄를 인정했습니다.

07

부모님이 집에 안 계실 때는
어떻게 하나요?

영장은 '처분을 받은 사람', 즉 '압수수색을 당하는 사람'이 확인해야 합니다. 수사기관은 원칙적으로 판사가 압수수색의 대상이 되도록 영장을 발부한 사람에게만 영장을 보여주어야 합니다. 만약 영장에 이름이 적힌 사람이 압수수색을 해야 하는 현장으로 오기 불가능한 상황이라면, 수사관이 그 사람과 전화통화를 하여 동의를 구하는 방식으로 압수수색을 시작하는 경우도 있습니다.

> **형사소송법**
>
> **제118조(영장의 제시와 사본교부)**
> 압수·수색영장은 처분을 받는 자에게 반드시 제시하여야 하고,
> 처분을 받는 자가 피고인인 경우에는 그 사본을 교부하여야 한
> 다. 다만, 처분을 받는 자가 현장에 없는 등 영장의 제시나 그 사
> 본의 교부가 현실적으로 불가능한 경우 또는 처분을 받는 자가
> 영장의 제시나 사본의 교부를 거부한 때에는 예외로 한다.

그런데 압수수색을 하려고 집에 들어갔는데 아이만
있다면 어떻게 해야 할까요.

수사관은 아이가 놀랄 수 있으니 일단 아이를 안심시
켜야 합니다. 이후 압수수색을 이해할 정도의 연령(고등
학생 정도)라면 압수수색의 당사자인 부모님과 영상통화
등을 통해 압수수색 현장 상황을 전달하고 압수수색 개
시 여부를 협의할 수 있습니다.

그러나 저연령의 아이는 압수수색 상황을 이해하지
못하거나 큰 충격을 받을 수 있습니다. 이런 경우라면 부
모님이 수사관과 통화하여 사정을 설명한 다음 아이를

안심시켜 친구 집이나 학원 등 다른 장소로 보내고 신속하게 집에 와서 압수수색에 참여하는 것이 좋습니다.

08

어린아이가 자고 있는데
유치원 갈 때까지만
기다려달라고 해도 되나요?

압수수색 과정에서 주거의 평온을 최대한 보장하고
가족들의 인격을 침해하지 않아야 하는 것은 수사기관
이 당연히 알고 있습니다. 이러한 내용은 '검사와 사법
경찰관의 상호협력과 일반적 수사준칙에 관한 규정',
'인권보호수사규칙' 등에도 규정되어 있습니다.

그러나 긴급하고 은밀하게 수사를 진행할 때 모든 사
정을 들어주고 기다려주기란 사실상 어려운 경우가 많
습니다. 만약 집뿐만 아니라 다른 장소들도 동시다발적
으로 압수수색을 하고 있다면 압수수색의 신속성과 효

율성 등으로 인하여 당초의 순서와 일정이 더욱 중요합니다. 이러한 상황이라면 아이가 자고 있다는 개별적인 사정을 배려하기는 더욱 어렵습니다. 다만 수사기관은 적어도 아이를 깨워서 다른 보호자와 함께 외출시키고 압수수색을 시작하는 정도의 배려를 할 수는 있습니다.

간혹 어느 정도 시간적 여유가 있어 기다려줄 수 있는 상황이라면, 휴대전화 등을 이용해 외부로 연락하지 않는 것을 전제로 기다려주는 경우는 있습니다. 또한 압수수색을 당할 사람(피압수자)이 출근하려고 집을 나서는 길에 집 앞에서 수사관을 만났다면, 바로 집으로 들어가 압수수색을 시작하지 않고 집 주변을 산책하거나 가족들이 정해진 일정대로 움직여 집을 나갈 때까지 기다려주기도 합니다. 물론 이 경우에도 '다른 그 누구와도 연락하지 않을 것'이 핵심입니다.

09

집을 나섰는데,
갑자기 영장을 들이밀며
제 몸을 수색하겠다고 할 때는
어떻게 하나요?

　압수수색을 할 때, 집이 아닌 신체만을 수색할 수 있도록 영장이 나오기도 합니다. 집은 사생활을 침해할 가능성이 커서 영장을 받기 어려울 수 있지만, 몸에 지니고 다니는 휴대전화를 압수하기 위해 몸을 뒤질 수 있도록 영장을 받기는 상대적으로 쉬울 수 있으니까요.

　우리 생활의 패턴을 보면 퇴근 시간은 다소 들쑥날쑥할 수 있습니다. 야근을 하기도 하고 회식을 하기도 하고 영화를 볼 수도 있지요. 그러나 사무실에 출근하기 위해 집을 나서는 시간은 비교적 일정한 편입니다. 집을 나서는데 "경찰에서 나왔습니다" 하며 영장을 보여주는 상황을 떠올려봅시다. 영장을 자세히 보아야 한다고 들었던 적은 있는데, 어디에서 영장을 들여다보아야 할까요? 마침 출근하거나 등교하는 이웃들이 지나가는 길에 낯선 사람이 내 몸을 뒤지고 있는 것을 보았다면 어떻게 설명해야 할까요?

이런 곤란한 상황일 경우 수사관에게 요청하여 비교적 한적한 장소로 함께 이동하거나, 만약 집 안에 다른 가족이 없다면 집으로 안내하여 충분한 시간 동안 영장을 꼼꼼히 읽어본 다음 영장대로 절차를 진행하는 방법을 고려해볼 수 있습니다.

인권보호수사규칙

제32조(신체의 수색·검증)
❶ 검사는 대상자의 신체를 수색·검증하는 경우에는 수치심을 느끼거나 그의 명예가 훼손되지 않도록 장소·방법 등을 신중하게 선택해야 한다.

10

저는 범죄자가 아닌데, 집을 뒤진다고요?
아무 잘못도 없는데 제 물건을
압수해 갈 수 있나요?

보통 압수수색은 범죄자들이나 당하는 것이라 생각하기 쉽습니다. 하지만 범죄자가 아니라도 압수수색을 당할 수 있습니다. 범죄 수사를 위해 필요할 때 압수수색을 할 수 있는데, 범죄를 저질렀다고 의심을 받는 사람(피의자)만이 아니라 그 사건과 관련성이 있다고 판단되는 사람(참고인)을 대상으로도 압수수색영장을 받을 수 있습니다.

예를 들어 대기업 회장이 회사의 자금을 횡령하였다고 의심받는 상황이라면, 자금의 흐름, 사용처, 회계처리 등 내용을 파악하기 위해 임직원의 사무실이나 집, 휴대전화를 압수수색하는 경우도 있습니다. 심지어 거래처 사무실을 압수수색하기도 하니까요.

이렇게 압수수색을 당하는 사람을 '피압수자(압수수색 처분을 받는 사람)'라고 하는데, 제대로 방어권 행사를 하기 위해서는 영장을 꼼꼼하게 살펴봐야 합니다.

그렇다면 영장의 어느 부분을 꼼꼼히 보아야 할까요?

PART 2

영장의 제시와 변호인의 참여

11

영장이라고 보여주는데,
도대체 뭐라고 쓰여 있는지 도통 모르겠어요.
무엇을 확인해야 하나요?

압수수색영장은 크게 '표지', '압수할 물건', '수색할 장소, 신체, 물건', '범죄사실 및 압수수색을 필요로 하는 사유'가 한 묶음의 서류로 구성되어 있습니다.

첫 번째, 압수수색영장의 '표지'부터 살펴보겠습니다.

압 수 수 색 검 증 영 장

【일반용】   서울중앙지방법원

영 장 번 호			죄 명	
피 의 자	성 명	**별지 기재와 같다**	직 업	
	주민등록번호			
	주 거			
청구한 검사			변 호 인	
압수, 수색, 검증을 요하는 사유	**별지 기재와 같다**		유효기간	20 . . . 까지
수색, 검증할 장소, 신체, 물건	**별지 기재와 같다**			
압수할 물건	**별지 기재와 같다**	작성기간 (압수수색할 물건이 전기통신인 경우)		
일부기각 및 기각의 취지	☑장소 ☐ 신체 ☑물건 ☑ 압수대상 및 방법제한 *(별지)* ☐ 기타 ( )			

위 사건의 범죄수사에 필요하고 피의자가 죄를 범하였다고 의심할만한 정황이 있으며 해당 사건과 관계가 있다고 인정할 수 있으므로, 위와 같이 압수, 수색, 검증을 한다. 유효기간을 경과하면 집행에 착수하지 못하며, 영장을 반환하여야 한다.

이 영장은 일출 전, 일몰 후에도 집행할 수 있다.

2021.   .   .

판 사

집 행 일 시	20 . . . :	집 행 장 소	
집 행 불 능 사 유			
처리자의 소속 관서, 관직		처 리 자 서 명 날 인	

주: 일부기각의 경우에는 해당란에 "∨"표시를 한다.

상단을 보면 어느 법원에서 영장을 내주었는지, 피의자(범죄를 저질렀다고 의심을 받는 사람)가 누구인지, 그 죄명이 무엇인지, 영장을 청구한 검사가 누구인지도 확인할 수 있습니다.

통상 '압수, 수색, 검증을 요하는 사유' 부분과 '수색, 검증할 장소, 신체, 물건', '압수할 물건' 부분은 "별지 기재와 같다"라고 적고 표지의 다음 장에 붙어 있습니다.

'일부기각 및 기각의 취지'란, 검사가 압수수색이 필요하다고 생각하여 범위를 정해 영장을 청구하더라도, 그중 일부분에 대해 판사가 압수수색할 필요성이 없다고 판단한 경우 어떤 부분을 기각하는지, 그 이유가 무엇인지 표시하는 것입니다. 만약 이 부분에 체크 표시가 되어 있다면 뒷장의 압수할 물건이나 압수수색할 장소에 무엇을 압수 또는 수색할 수 없도록 그어버렸는지(기각하였는지) 더 꼼꼼히 살펴보아야 합니다.

표지에서 눈에 띄는 항목은 '유효기간'과 '일출 전 일몰 후 집행' 부분입니다.

영장은 판사가 부여한 유효기간 안에 사용해야 합니다. 영장에 의한 수사 자체가 개인의 자유를 침해하는 행위이기 때문에 법원은 수사기관이 유효적절하게 강제수사할 수 있는 시간을 허락하면서도 한편으로는 개인이 무방비로 인권침해를 당할 수 있는 기간을 최소화하기 위해 고민합니다. 그 과정에서 영장을 사용할 수 있는 적정한 기간을 결정하는 것입니다. 영장의 유효기간이 지나버리면 압수수색을 시작할 수 없고 수사기관은 영장을 법원에 반환해야 합니다.

한편 압수수색은 원칙적으로 주간에 실시해야 합니다. 하지만 부득이하게 해가 뜨기 전인 새벽에 압수수색을 시작해야 하거나, 압수수색이 길어져 야간에도 계속되는 경우도 종종 발생합니다. 그럴 경우 검사는 일출 전 일몰 후 압수수색이 필요한 이유를 판사에게 설명하여 야간에도 할 수 있는 영장을 받게 됩니다. 너무 이른 새벽이나 밤에 압수수색을 당했다면, 영장에 "이 영장은 일출 전, 일몰 후에도 집행할 수 있다"라는 파란색 도장이 찍혀 있는지 확인해야 합니다.

유효기간을 경과하면 집행에 착수하

이 영장은 일출 전, 일몰 후에도 집행할 수 있다.

2021.

판 사

집 행 일 시	20 . . . :

형사소송법

제125조(야간집행의 제한)

일출 전, 일몰 후에는 압수·수색영장에 야간집행을 할 수 있는 기재가 없으면 그 영장을 집행하기 위하여 타인의 주거, 간수자 있는 가옥, 건조물, 항
공기 또는 선차 내에 들어가지 못한다.

제126조(야간집행제한의 예외)

다음 장소에서 압수·수색영장을 집행함에는 전조의 제한을 받지 아니한다.

1. 도박 기타 풍속을 해하는 행위에 상용된다고 인정하는 장소

2. 여관, 음식점 기타 야간에 공중이 출입할 수 있는 장소. 단, 공개한 시간 내에 한한다.

다만, 도박으로 문제 된 장소이거나 호텔, 여관, 음식점과 같이 야간에도 개방된 장소는 야간에 영장을 집행할 수 있다는 문구 없이도 들어갈 수 있습니다.

두 번째, '압수할 물건'입니다.

압수할 물건에서 주로 다툼의 대상이 되는 것은 디지털 기기입니다. 휴대전화나 노트북을 가지고 가도 되는지, 지금 사용 중인 것만 해당하는지, 예전에 사용하였던 것도 포함된다면 그 기간은 언제부터 언제까지인지 살펴보아야 합니다.

구체적으로 설명하면, 현재 사용 중인 디지털 기기는 범죄와의 연관성을 판단하기 위한 직접적 물건이 될 수 있습니다. 사용 중인 기기에서 범죄와 관련된 데이터 접근 가능성이 높고, 증거 확보가 용이하기 때문입니다.

이에 비해 이전에 사용한 기기는 범죄와의 관련성이 떨어질 수 있습니다. 그렇기 때문에 법원은 범죄와 연관성이 인정되는 경우로 한정하여 압수 대상에 포함시키는 경우가 많습니다. 범죄 행위에 해당되는 기간 내에 사용한 기기만이 압수 대상에 포함될 수 있으며, 법원은 대부분 해당 기간을 명확하게 특정하여 영장을 발부합니다. 검사가 청구한 영장의 기간이 너무 넓다면 기간을 줄이는 방식으로 일부 기각을 하기도 합니다.

디지털 자료의 범위에 대해서도 법원이 제한을 가할 때도 있습니다. 압수할 수 있는 디지털 자료는 특정 범죄 혐의와 관련된 기간과 내용을 기준으로 하며, 범죄와 관련이 없는 자료는 제외되어야 합니다. 만약 범죄와의 직접적인 연관이 없는 자료가 포함될 경우, 법원이 압수 대상을 더 명확하게 특정하는 문구를 추가하거나 삭선을 그어 범위는 제한할 수 있습니다.

문서의 경우에도 법원이 제한을 두는 경우가 있습니다. 압수할 문서는 범죄혐의와 직접 연관된 내용이어야 하며, 일반적인 문서가 아닌 구체적으로 혐의를 입증할 수 있는 성격의 자료만 압수 가능합니다. 예를 들어, 특정 거래 내역, 계약서, 대금 수수 내역 등 특정 자료들이 이에 해당될 수 있습니다.

문서의 작성 시점 역시 특정 시점부터 특정 시점까지로 제한될 수 있습니다. 예를 들어, 범죄혐의와 관련된 특정 날짜 또는 범죄혐의 발생 기간에 작성된 문서만 압수 대상으로 삼을 수 있습니다. 법원은 영장에 압수 가능한 기간을 명확히 기재하여, 혐의와 관련 없는 시기의 문서까지 압수되는 일을 방지합니다.

세 번째, '수색할 장소, 신체, 물건'입니다.

영장을 받으면 영장에 의해 수색할 수 있는 장소, 신체, 물건에 대해 꼼꼼하게 따져봐야 합니다. 법원은 검사가 청구한 영장을 모두 발부해주지 않고, 부분적으로 청구를 기각할 수도 있습니다.

먼저 압수 장소를 확인해야 합니다. 사무실, 집, 차량 등 압수수색영장에 적혀 있는 장소는 영장에 명시된 구체적인 공간만 해당됩니다. 예를 들어, 피의자의 사무실만 기재되어 있다면, 집이나 차량 등 다른 장소는 수색할 수 없습니다. 법원은 영장에 기재된 각 장소가 수사

대상 또는 범죄와 관련성이 있는지를 확인하기 때문에, 수사기관은 해당 장소에서 범죄 관련 증거가 발견될 가능성이 높은 곳을 선정하여 영장에 기재합니다.

법원은 수색해서는 안 된다는 내용으로 삭선(중간 줄)을 그어놓을 수 있습니다. 또한 압수하는 방법에 제한을 두었는지도 체크해야 합니다. 압수수색하는 장소가 비밀을 취급하는 공공기관이거나 사무실이라면 ① 가급적 자발적인 의사에 의해 제출(임의제출)받는 방식을 취하되, ② 협조가 이루어지지 않을 경우 수사의 목적을 달성하기 위해 영장을 집행하도록 제한을 걸어두기도 하기 때문입니다.

만약 그런 문구가 표시되어 있을 경우, 최대한 수사에 협조하여 영장에 기재된 물건들을 자발적으로 제출하겠다고 한다면, 수사기관에 의해 사무실이 '탈탈 털리는' 위험은 피할 수 있을 것입니다. 사실 전면적인 수색은 수사기관과 피압수자 모두에게 손해가 될 수 있습니다.

예를 들면, 사무실과 같은 장소에서 전면적인 수색이 이루어지면 업무나 일상에 큰 방해가 될 수 있습니다.

자발적으로 영장에 적시된 물건을 제출한다면, 위와 같은 상황을 방지할 수 있으며, 수사과정에서의 협조적인 태도가 인정되어 향후 법원에서도 이러한 부분이 참작될 수 있습니다. 수사기관의 경우에도 자발적인 임의제출 과정을 거친다면, 피압수자 측이 제기할 수 있는 과잉수색이나 증거 위법 수집 문제를 방지할 수 있습니다.

마지막으로, '범죄사실 및 압수수색을 필요로 하는 사유'를 살펴보겠습니다.

영장을 받으면 범죄사실 및 압수수색을 필요로 하는 사유에 대한 꼼꼼한 확인이 필요합니다. 본인이 왜 영장을 받았는지를 살펴볼 수 있는 중요한 지점입니다.

과거에는 수사 방향을 노출하는 것을 우려해 수사기관이 영장의 범죄사실을 매우 간략히 기재하는 경우가 많았습니다. 그러다 보니 '압수할 물건'과 '범죄사실'이 무슨 관계가 있는지 알기 어렵다는 문제가 제기되기도 했습니다. 극단적으로는 과연 영장의 범위 내에서 압수수색이 이루어진 것인지 모르겠다는 반발도 발생했지요.

최근에는 수사기관이 영장에 범죄사실과 압수 물건 간의 관련성을 더욱 구체적으로 작성하는 경향이 있습니다. 이는 과잉 수색 방지와 함께 피의자의 방어권 보장 및 영장 집행의 투명성을 높이는 추세를 반영한 것으로 볼 수 있습니다. 실제로 영장의 모호한 부분을 문제 삼는 법원의 판단도 존재하였습니다.

구체적으로 설명하면, 법원은 명확한 범죄혐의와 압수 물건의 연관성에 대해 '피의자 방어권 보장'에 필요하다는 입장입니다. 즉, 영장에 구체적으로 적시된 범죄사실과 압수 물건의 연관성은 피의자가 자신에게 적용되는 혐의를 이해하고 방어할 기회를 제공하기 때문에 매우 중요하다는 것이지요. 이 정보가 명확해야 피의자가 어떤 이유로 압수수색에 처하게 되었는지, 본인의 어떤 물품이 압수 대상으로 지정되었는지를 이해할 수 있습니다.

영장을 구체적으로 기재하면 영장 집행의 적법성 또한 강화될 수 있습니다. 수사기관이 영장에 압수할 물건과 범죄사실 간의 연관성을 구체적으로 명시하면, 법집행 과정에서의 투명성이 높아집니다. 이는 수사기관의 행위가 법적으로 허용된 범위 내에서 이루어졌음을 피의자와 법원이 확인할 수 있게 해주는 중요한 장치입니다.

다만 증거 확보의 신속성을 위하여, 초기 수사 단계에서 신속한 압수수색이 필요한 경우, 영장 기재 내용이 다소 간략해질 수 있습니다. 이는 초기 수사에서 증거가 손실될 가능성을 줄이기 위해 신속히 확보해야 할 때의 불가피한 선택이기도 합니다.

그럼에도 불구하고, 이러한 간략 기재는 피의자가 본인의 혐의와 압수 물건 간의 구체적 관련성을 파악하기 어렵게 할 수 있어 불필요한 논란을 불러올 수 있습니다. 피의자는 자신의 물건이 압수되어야 할 정당한 이유를 파악하지 못하고 혼란을 느낄 수 있으며, 이후 이러한 점을 들어 압수수색 과정이 위법했다고 주장할 수 있는 것이지요.

12

영화에서는 영장이라면서
종이 한 장 내밀던데…….
실제로 받아보니 생각보다 영장이 길어요.
어느 부분부터 보아야 할까요?

압수수색 절차에서 가장 유의해서 보아야 부분은, "별지 기재와 같다"라고 되어 있는 부분입니다. 중요한 내용이기 때문에 별지를 사용하여 구체적으로 서술해 놓고 있기 때문입니다. 별지는 표지 다음 장부터 시작됩니다. 별지 중에서도 중요한 부분은 '범죄사실 및 압수수색을 필요로 하는 사유'라고 할 수 있습니다. 이 부분을 보면 무엇에 대해 의심을 받고 있는지, 이번 압수수색을 왜 하는 것인지와 같은 수사의 목적을 파악할 수 있습니다. '아, 이번 압수수색은 무슨 혐의에 대해 무엇을 찾고자 하는 것이구나!' 이 점을 알고 수색할 장소와 압수할 물건을 보아야, 어디까지 뒤질 수 있는지, 어느 부분까지 압수할 수 있는지를 판단할 수 있고, 수사기관이 영장에 기재된 범위 내에서 압수수색을 집행하고 있는지 꼼꼼하게 대응할 수 있습니다.

압수, 수색, 검증을 요하는 사유	별지 기재와 같다	
수색, 검증할 장소, 신체, 물건	별지 기재와 같다	
압수할 물건	별지 기재와 같다	작성 물건
일부기각 및 기각의 취지	☑ 장소　　□ 신체　　☑ 물 □ 기타 (	

13

일부 기각 및 기각의 취지에
체크(V) 표시가 되어 있는데, 중요한가요?

　'일부기각 및 기각의 취지'는 압수수색영장에 기재된 내용 중 가장 중요한 부분이라고 해도 과언이 아닙니다. 법원은 영장을 발부할 때 수사의 필요성과 상당성을 엄격하게 심사합니다. 법원은 수사기관이 어디까지 수색을 할 수 있고, 무엇을 압수할 수 있는지 그 범위를 정합니다. 영장에 일부 기각된 내용이 있다면, 법원이 수사기관의 압수수색이 지나치다고 판단한 것이므로 매우 중요한 내용이기 때문에 영장의 핵심이라고 볼 수 있습니다. 따라서 압수수색영장 표지 중 '일부기각 및 기각의 취지'에 체크(∨) 표시가 되어 있거나 문구가 추가되어 있다면 영장을 더 면밀히 살펴보아야 합니다.

만약 영장에 위와 같은 표시가 되어 있다면, 수사기관이 청구한 내용 중 압수수색할 물건 중 일부를 허가하지 않고, 압수의 대상과 방법에도 일정한 제한을 두고 있으니 압수수색을 당하는 대상자에 대한 인권침해를 최소화하고 권리를 보장하라는 의미로 이해해야 합니다. 법원이 허가한 범위를 넘어선 방법으로 압수수색을 할 경우 수사과정에서 위법하게 수집된 증거라고 평가되어 공판과정에서 증거능력을 인정받지 못할 수도 있습니다.

장소, 신체, 물건 등을 기각하는 경우 수사기관이 청구한 단어 또는 문단에 판사가 중간 선(삭선)을 긋거나, 그 대상 범위를 제한하는 내용을 추가하여 기재하는 방식을 취합니다.

또한 문서를 압수하거나 휴대전화나 PC 등에 저장된 '전자정보'를 압수할 때에는 주로 압수의 대상과 방법을 제한하는 1장짜리 별지가 추가됩니다.

압수 대상 및 방법의 제한

1. 문서에 대한 압수

가. 해당 문서가 몰수 대상물인 경우, 그 원본을 압수함.

나. 해당 문서가 증거물인 경우, 피압수자 또는 참여인1)(이하 '피압수자 등'이라 한다)의 확인 아래 사본하는 방법으로 압수함 (다만, 사본 작성이 불가능하거나 협조를 얻을 수 없는 경우 또는 문서의 형상, 재질 등에 증거가치가 있어 원본의 압수가 필요한 경우에는 원본을 압수할 수 있음).

다. 원본을 압수하였더라도 원본의 압수를 계속할 필요가 없는 경우에는 사본 후 즉시 반환하여야 함.

2. 컴퓨터용 디스크 등 정보저장매체(휴대전화 포함)에 저장된 전자정보에 대한 압수·수색·검증

가. 전자정보의 수색·검증

수색·검증만으로 수사의 목적을 달성할 수 있는 경우, 압수 없이 수색·검증만 함.

나. 전자정보의 압수

(1) 원칙 : 저장매체의 소재지에서 수색·검증 후 혐의사실과 관련된 전자정보만을 범위를 정하여 문서로 출력하거나 수사기관이 휴대한 저장매체에 복사하는 방법으로 압수할 수 있음.

(2) 저장매체 자체를 반출하거나 하드카피·이미징 등 형태로 반출할 수 있는 경우

(가) 저장매체 소재지에서 하드카피·이미징 등 형태(이라 "복제본"이라 함)로 반출하는 경우

— 혐의사실과 관련된 전자정보의 범위를 정하여 출력·복제하는 위 (1)항 기재의 원칙적 압수 방법이 불가능하거나, 압수 목적을 달성하기에 현저히 곤란한 경우2)에 한하여, 저장매체에 들어있는 전자파일 전부를 하드카피·이미징하여 그 복제본을 외부로 반출할 수 있음.

(나) 저장매체의 원본 반출이 허용되는 경우

1) 위 (가)항에 따라 집행현장에서 저장매체의 복제본 획득이 불가능하거나 현저히 곤란할 때3)에 한하여, 피압수자 등의 참여 하에 저장매체 원본을 봉인하여 저장매체의 소재지 이외의 장소로 반출할 수 있음.

2) 위 1)항에 따라 저장매체의 원본을 반출한 때에는 피압수자 등의 참여권을 보장한 가운데 원본을 개봉하여 복제본을 획득할 수 있고, 그 경우 원본은 지체없이 반환하되, 특별한 사정이 없는 한 원본 반출일로부터 10일을 도과하여서는 아니됨.

(다) 위 (가), (나)항에 의한 저장매체 원본 또는 복제본에 대하여는, 혐의사실과 관련된 전자정보만을 출력 또는 복제하여야 하고, 전자정보의 복구나 분석을 하는 경우 신뢰성과 전문성을 담보할 수 있는 방법에 의하여야 함.

(3) 전자정보 압수시 주의사항

(가) 위 (1), (2)항에 따라 혐의사실과 관련된 전자정보의 탐색·복제·출력이 완료된 후에는 지체없이, 피압수자 등에게 ① 압수 대상 전자정보의 상세목록을 교부하여야 하고, ② 그 목록에서 제외된 전자정보는 삭제·폐기 또는 반환하고 그 취지를 통지하여야 함[위 상세 목록에 삭제·폐기하였다는 취지를 명시함으로써 통지에 갈음할 수 있음].

(나) 봉인 및 개봉은 물리적인 방법 또는 수사기관과 피압수자 등 쌍방이 암호를 설정하는 방법 등에 의할 수 있고, 복제본을 획득하거나 개별 전자정보를 복제할 때에는 해시 함수값의 확인이나 압수·수색과정의 촬영 등 원본과의 동일성을 확인할 수 있는 방법을 취하여야 함.

(다) 압수·수색의 전체 과정(복제본의 획득, 저장매체 또는 복제본에 대한 탐색·복제·출력 과정 포함)에 걸쳐 피압수자 등의 참여권이 보장되어야 하며, 참여를 거부하는 경우에는 신뢰성과 전문성을 담보할 수 있는 상당한 방법으로 압수·수색이 이루어져야 함.

---

1) 피압수자 - 피의자나 변호인, 소유자, 소지자 // 참여인 - 형사소송법 제123조에 정한 참여인

2) ① 피압수자 등이 협조하지 않거나, 협조를 기대할 수 없는 경우, ② 혐의사실과 관련된 개연성이 있는 전자정보가 삭제·폐기된 정황이 발견되는 경우, ③ 출력·복사에 의한 집행이 피압수자 등의 영업활동이나 사생활의 평온을 침해하는 경우, ④ 그 밖에 위 각 호에 준하는 경우를 말한다.

3) ① 집행현장에서의 하드카피·이미징이 물리적·기술적으로 불가능하거나 극히 곤란한 경우, ② 하드카피·이미징에 의한 집행이 피압수자 등의 영업활동이나 사생활의 평온을 현저히 침해하는 경우, ③ 그 밖에 위 각 호에 준하는 경우를 말한다.

수사기관의 입장에서는 문서나 전자정보를 확보하는 것이 수사의 성패를 가르는 핵심이 될 수 있지만, 압수수색을 당하는 대상자의 입장에서는 '자신의 모든 것이 담겨 있는' 가장 내밀한 정보에 해당하기 때문에, 법원이 양자의 균형을 맞추기 위한 내놓은 방책이라고 보면 됩니다. 이 때문에 별지 내용을 보면 실체적 진실발견(공익)과 인권보호(사익)가 충돌하는 상황에서 압수 대상과 방법에 제한을 두는 내용이 대부분입니다.

　참고로 압수수색 과정에서 실제 서명·날인이 된 원본 계약서, 수기로 기재한 장부나 메모 등 서류를 확보하는 것은 매우 중요합니다. 유죄를 입증할 핵심 증거로 사용될 가능성이 매우 높기 때문입니다. 또한 전자문서, 문서 작성 중 수정을 거듭한 여러 가지 버전의 초안과 수정본, 이메일, 메시지 등 휴대전화, PC와 같은 정보저장매체에 저장된 전자정보 등은 단 1건만 확보하더라도 피의자의 유죄를 입증할 수 있을 만큼 중요합니다.

"USB와 출력물이 동일한지 확인하는 절차가 없었는데, 문제없나요?"

범죄사실과 관련된 증거를 없애버리거나 숨길 경우 '증거인멸'이 문제 될 수 있습니다. 중요한 전자정보가 저장된 USB 등을 숨긴 것이 아닌지 수사가 진행되던 중, 수사기관은 고물상에서 압수수색영장을 집행했습니다. 수사관들은 현장에서 고물상 운영자가 지켜보는 가운데 캐리어와 종이포장박스의 내용물을 확인하며 사진 촬영을 진행했고, 이 과정에서 USB 7개를 발견했습니다.

문제는 이 시점부터 시작됩니다. 수사기관은 전자정보가 담긴 USB를 발견했음에도 피압수자인 고물상 운영자에게 이후 진행될 압수 절차에 대한 어떠한 고지도 하지 않았습니다. USB의 봉인 해제나 탐색, 복제, 출력 과정에 참여할 의사가 있는지 확인하지 않은 채, USB를 수사기관 사무실로 가져가 임의로 파일들을 출력했습니다.

더욱 문제가 되는 것은 이러한 수사기관의 행위가 법

원이 발부한 영장의 제한사항을 정면으로 위반했다는 점입니다. 영장에는 '일부 기각 및 기각의 취지'라는 제목하에 전자정보 압수수색의 구체적인 방법이 제한되어 있어, 저장매체를 복제할 때는 반드시 원본과의 동일성을 확인할 수 있는 방법을 취하도록 했고, 압수한 전자정보의 상세목록을 피압수자에게 교부하도록 명시했습니다. 또한 혐의사실과 관련된 전자정보만을 선별하여 압수하도록 하는 등 구체적인 제한사항을 두었습니다.

그러나 수사기관은 이러한 제한사항을 하나도 준수하지 않았습니다. 원본 USB와 출력물의 동일성 확인 절차는 전혀 이루어지지 않았고, 어떤 전자정보가 압수되었는지를 보여주는 상세목록도 고물상 운영자에게 교부되지 않았습니다. 더구나 혐의사실과의 관련성을 따지지 않은 채 임의로 파일들을 출력했다는 점에서, 선별압수 원칙마저 준수되지 않았습니다.

이처럼 수사기관은 영장에 기재된 제한사항을 형해화시키는 방식으로 압수수색을 진행했고, 결국 법원은 이러한 중대한 절차 위반을 이유로 USB 출력물의 증거능

력을 부정했습니다. 이는 전자정보 압수수색에서 적법
절차의 준수가 단순한 형식이 아닌, 증거능력 인정을 위
한 실질적 요건임을 분명히 한 것이라 하겠습니다.

14

제품에 유통기한이나
소비기한이 있는 것처럼,
영장에도 유효기간이 있나요?

압수수색영장에도 유효기간이 있는데, 원칙적으로 7일입니다. 이때 유효기간은 그 기간 안에 압수수색의 집행을 '착수', 즉 시작하는 것을 허용한다는 것이므로, 수사과정에서는 이를 이행하기 어려운 경우가 많습니다. 따라서 형사소송규칙은 법원 또는 법관이 상당하다고 인정하는 때에는 7일을 넘는 기간을 정할 수 있다고 규정하고 있습니다. 이에 따라 수사기관은 영장을 청구할 때 '7일을 넘는 유효기간'이 필요할 경우 그 취지와 사유를 기재하여 판사를 설득합니다.

압수수색영장을 제시 또는 교부받았다면, 영장 표지의 우측 부분에 있는 유효기간 안에 집행하러 온 것이 맞는지 자세히 살펴볼 필요가 있습니다.

압 수 수 색 검 증 영 장

【일반용】					서울중앙지방법원
영 장 번 호			죄 명		
피 의 자	성 명	별지 기재와 같다		직 업	
	주민등록번호				
	주 거				
청구한 검사			변 호 인		
압수, 수색, 검증을 요하는 사유	별지 기재와 같다		유효기간	20 . . . 까지	
수색, 검증할 장소, 신체, 물건	별지 기재와 같다				

"영장의 유효기간은 어떻게 계산하나요?"

아동·청소년 성착취물 소지 사건에서 압수수색영장의 유효기간과 관련한 중요한 쟁점으로 다뤄진 적이 있습니다.

수사기관은 6월 11일 압수수색영장을 발부받았는데, 그 유효기간은 7월 31일까지였습니다. 수사기관은 유효기간 내인 6월 23일 피의자의 주거지에서 외장형 하드디스크를 압수했고, 범죄혐의와 관련된 전자정보도 발견했습니다. 그러나 이후 디지털 증거분석 과정에서 유효기간이 지난 9월 4일, 266개의 추가 동영상이 발견되었고 이를 압수했습니다.

변호인은 영장 유효기간이 지난 후 이루어진 추가 동영상의 압수는 위법하다고 주장했으나, 법원은 이를 받아들이지 않았습니다. 법원은 우선 압수수색영장의 유효기간은 '집행 착수'가 가능한 종기를 의미할 뿐이라고 설명합니다. 즉, 유효기간 내에 적법하게 집행이 시작되었다면, 이후 실제 집행에 필요한 절차를 이행하는 과정에서 유효기간이 지났더라도 그 집행이 당연히 위법한 것은 아니라는 것입니다.

특히 법원은 전자정보에 대한 압수수색의 특수성을 강조했습니다. 일반적인 유체물의 압수수색은 현장에서 물건을 찾아 가져가는 것으로 종료되지만, 전자정보의 경우는 다릅니다. 정보저장매체를 확보한 후 그 안에서 혐의사실 관련 전자정보를 탐색하고 선별하여 복제·출력하는 과정이 필요하며, 이는 기술적 조치를 요하는 작업입니다.

이러한 특성을 고려할 때, 이 사건 압수수색은 유효기간 내인 6월 23일에 적법하게 착수되어 9월 4일 디지털 증거분석이 완료되면서 종료된 것으로 보아야 한다는 것이 법원의 판단입니다. 따라서 그 과정에서 발견된 추가 동영상의 압수 역시, 당초 영장에 기재된 혐의사실과 객관적 관련성이 인정되는 한 적법하다고 보았습니다.

15

계절에 따라 영장을 집행하는 시간이
달라질 수 있나요?

　형사소송법 제125조는 "일출 전, 일몰 후에는 압수
수색영장에 야간집행을 할 수 있는 기재가 없으면 그 영
장을 집행하기 위하여 타인의 주거, 간수자가 있는 가
옥, 건조물, 항공기 또는 선차 내에 들어가지 못한다"고
규정함으로써, 야간의 사생활의 평온 등을 보호하기 위
하여, 압수수색의 야간집행을 제한하고 있습니다. 위 규
정의 취지 및 "일출 전, 일몰 후에는 ~ 타인의 주거 내에
들어가지 못한다"라는 표현에 비추어, 다른 사람의 주
거 등에 들어가는 시기, 즉 압수수색영장 집행의 개시

시기를 제한한 것이라고 해석되고 있습니다.

"이 영장은 일출 전, 일몰 후에도 집행할 수 있다"라는 파란색 도장이 영장 표지에 날인되어 있지 않다면, 수사기관은 일출 후부터 일몰 전까지 압수수색영장의 집행을 시작해야 합니다.

이 영장은 일출 전, 일몰 후에도 집행할 수 있다.	2021. . . 판 사

야간집행을 허가받지 못한 상태로 압수수색을 받게 될 대상자의 주거 등에 진입할 경우 수사기관은 미리 당일의 일출시간, 일몰시간을 확인합니다. 예를 들어 압수수색 대상자가 18시에 퇴근하여 귀가하는 시간이 19시경이라고 할 때, 여름이라면 아직 일몰시간이 남아 있을 수 있지만, 겨울이라면 이미 해가 지고 난 이후일 것입니다. 만약 겨울이라면 일출시간을 확인하여 출근을 하러 집을 나서려는 8시경 집행을 시작할 수도 있을 것

입니다. 이처럼 여름과 겨울에는 일출, 일몰시간이 각각 2시간 이상 차이가 날 때도 있기 때문에 영장을 집행하기 시작하는 시각이 언제인지 중요할 수 있습니다.

"영장을 집행하는 개시 시점은 어떻게 되나요?"

피의자들에 대해 체포영장이 발부된 사안에서, 경찰은 09:39경 체포영장 집행을 고지하고 11:11경 수색을 시작했으나, 일몰 이후까지 계속되었습니다.

이에 대해 변호인은 형사소송법 제125조의 야간집행 제한 규정 위반을 주장했으나, 법원은 제125조가 "일출 전, 일몰 후에는… 들어가지 못한다"고 규정한 문언과 취지에 비추어, 이는 집행의 '개시 시점'을 제한하는 것일 뿐, 적법하게 개시된 수색이 야간까지 계속되는 것까지 금지하는 것은 아니라고 해석했습니다.

이러한 법원의 판단은 수사의 실효성과 기본권 보호의 조화를 위해, 주간에 적법하게 시작된 수색이 불가피하게 야간까지 이어지는 경우까지 금지한다면 수사의 실효성이 현저히 저해될 수 있다는 현실적 고려가 반영된 것으로 평가되고 있습니다.

16

압수수색영장을
한 부 복사해달라고 해도 되나요?

드라마에서는 형사가 손에 들고 온 영장 한 장 또는 주머니에서 꺼내 든 영장 한 장을 펼쳐 보여주고 여러 명의 수사관이 우르르 들어가는 장면을 종종 볼 수 있습니다. 하지만 실제 영장은 위에서 말씀드린 것처럼 상당히 긴 경우가 많습니다. 들여다보아도 무슨 말인지 당최 모르겠고, 압수수색을 마친 후 수사에 대비하기 위해서라도 영장을 더 보고 싶다는 생각이 들 것입니다.

원칙적으로 영장은 압수수색을 당하는 사람에게 반드시 보여주어야 합니다. 만약 같은 자리에서 압수수색을 당하는 사람이 여러 명이라면 그 사람들 모두에게 개별적으로 영장을 보여주어야 합니다. 영장을 보여주는 것을 '제시'한다고 하는데, 형사소송법상 수사기관은 압수수색을 당하는 사람에게 영장을 제시해야 할 의무가 있으나, 그렇다고 모든 경우에 복사본을 줄 필요는 없습니다. 범죄를 저지를 것으로 의심을 받는 사람, 즉 피의자에게는 복사본을 주어야 하지만, 그 외 사건과 관계된 참고인에게는 복사본을 줄 의무가 없기 때문입니다.

피의자에게 영장을 보여주고 그 복사본을 주는 것은 형사소송법상 중요한 절차이기 때문에, 영장 사본교부 확인서를 받아 수사 기록에 넣도록 하고 있습니다. 피의자에게 영장 사본을 주었으니 영수증을 받는 것과 같습니다.

영 장 사 본 교 부 확 인 서

성 명 :   (   )

주민등록번호 :   (세)

주 거 :

본인은   .   .   .   :   경   에서 (체포, 구속, 압수 · 수색 · 검증)
영장을 제시받고 그 사본을 교부받았음을 확인합니다.

.   .   .

위 확인자   ㉑

□ 위 사람에게 영장을 제시하고 사본을 교부하려고 하였으나, 정당한 이유 없이 수령을 거부
   하였음
□ 위 사람에게 영장을 제시하고 그 사본을 교부하여 위 사람이 수령하였으나, 정당한 이유 없이
   기명날인 또는 서명을 거부하였음
※ 사본 수령 거부 또는 기명날인 · 서명 거부 사유 :

.   .   .

○○○ 검찰청

(직급)   ㉑

210㎜×297㎜[백상지(80 g / ㎡)]

17

드라마에서 보면 느닷없이 들이닥쳐서는
서류 뭉치를 파란 박스에 쓸어 담던데,
정말 그렇게 하나요?

현실에서는 결코 일어날 수 없는 일입니다. 사무실을
수색하는 것이 영장에 의해 가능하다고 하더라도 여러
사람이 일하는 경우 누구의 책상을 뒤질 수 있는지, 책
상 외에 서랍이나 책꽂이, 캐비닛도 가능한지는 또 다른
문제입니다.

또한 개인이 사용하고 있는 사무실(예를 들어 회장 전용
사무실)이라고 할지라도 모든 물건을 쓸어 담아 올 수는
없습니다. 영장에 적힌 압수할 물건이 맞는지, 기간 제
한이 걸려 있을 경우 영장으로 허락한 기간과 일치하는

때에 작성된 문서인지, 범죄사실과 관련성 있는 내용인지 하나하나 따져보아야 합니다.

개인의 사생활이 침해되지 않도록, 범죄사실과는 관계가 없는 불필요한 정보가 다른 압수물과 섞여 압수되지 않도록 주의할 필요가 있습니다.

압수수색 과정에서
피의자의 '일기장'이 발견되었다면,
압수할 수 있나요?

법원은 압수할 물건에 대하여 "피의자가 소유, 소지, 사용하는 노트, 메모장, 다이어리, 달력, 명함, 장부 등 일체 서류(이 사건 범죄사실과 관련성이 있는 내용이 기재된 물건에 한함)"라는 영장을 발부하였는데, 이에 수사기관은 영장을 집행하는 과정에서 피의자의 일기장을 발견하고는 위 "일체 서류"에 해당한다고 판단하여 일기장을 통째로 압수했습니다.

그러나 일기장에는 사적이고 내밀한 개인정보가 담겨 있을 수밖에 없습니다. 무엇보다 영장에도 "이 사건 범죄사실과 관련성이 있는 내용이 기재된 물건에 한함"이라고 특정되어 있다는 점이 고려되어야 합니다. 따라서 일기장을 통째로 압수할 것이 아니라 영장에 기재된 범죄혐의와 관련된 부분이 있다면 그 부분에 한정하여 복사본을 압수하는 등의 조치를 취해야 합니다.

18

압수수색 때
변호인이 꼭 있어야 하나요?

　수사기관으로부터 수사를 받는 '피의자', 기소되어 형사재판을 받는 '피고인'에게는 '변호인'의 조력을 받을 권리가 있습니다. 변호사라는 직업을 가진 사람 중 형사소송 절차에서 피의자, 피고인이 법이 정한 절차에 따라 방어권을 행사할 수 있도록 도움을 주는 사람을 '변호인'이라고 합니다.

　수사가 시작되어 변호인을 이미 선임한 경우라면, 피의자는 변호인에게 압수수색영장의 집행에 참여해달라고 요청할 수 있습니다. 형사소송법은 이 경우 수사기관은 미리 집행할 시간과 장소를 피의자와 변호인에게 통지하여야 한다고 규정하고 있습니다.

그러나 수사의 성패는 비밀리에 신속하게 증거를 확보하는 것에 있다 해도 과언이 아닌데, 어렵게 영장까지 받은 상황에서 미리 당사자에게 "언제, 어디로 압수수색을 갈 테니 기다려라"라고 말하기란 현실적으로 불가능에 가깝습니다. 오히려 검사나 수사관이 중요한 수사기밀을 누설하였다는 이유로 공무상비밀누설 혐의에 대해 수사를 받는 경우도 있으니까요. 따라서 대부분의

형사소송법

제121조(영장집행과 당사자의 참여)
검사, 피고인 또는 변호인은 압수·수색영장의 집행에 참여할 수 있다.

제122조(영장집행과 참여권자에의 통지)
압수·수색영장을 집행함에는 미리 집행의 일시와 장소를 전조에 규정한 자에게 통지하여야 한다. 단, 전조에 규정한 자가 참여하지 아니한다는 의사를 명시한 때 또는 급속을 요하는 때에는 예외로 한다.

압수수색은 '급속을 요하는 때'에 해당한다고 하여 사전 통지 없이 시작하게 됩니다.

　범죄의 유형에 따라 변호인의 참여가 꼭 필요한 경우도 있고, 변호인 없이 적절히 대처할 수 있는 경우도 있을 것입니다. 그러나 수사기관이 날카롭게 갈아온 창을 이용해 전방위적으로 압수수색을 한다면, 이에 대응할 뛰어나고 튼튼한 방패가 당연히 필요하겠지요.

19

변호사가 도착할 때까지
기다려주나요?

압수수색 현장에서 압수수색을 당한 사람은 "변호사님이 곧 오신다고 하니 조금만 기다려달라"라고 요청을 합니다. 그러면 "변호사님이 지금 계신 위치가 어디냐", "이동하는 데에 얼마나 시간이 걸리느냐", "그렇게 오래 기다려줄 수는 없다", "수사를 방해하기 위해 일부러 시간 끄는 거 아니냐"라며 실랑이를 하는 경우도 있습니다.

압수수색이 개인의 인권을 침해하는 강제수사이다 보니, 기본적으로 수사기관은 가급적 변호인이 압수수색 과정에 참여할 수 있는 기회를 보장하기 위해 노력

합니다. 그 내용이 인권보호수사규칙에 담겨 있기도 하고요.

인권보호수사규칙

제30조(압수·수색 시의 준수사항)

검사는 압수·수색과 관련하여 다음 각 호의 사항을 지켜야 한다.

3. 압수·수색의 대상자, 변호인, 그 밖에 참여할 권한이 있는 사람에게 압수·수색 과정에 참여할 수 있는 기회를 충분히 보장해야 한다.

그러나 형사소송법에는 변호인이 압수수색영장의 집행에 '참여할 수 있다'고 규정이 되어 있습니다. '참여할 수 있다'와 '참여하여야 한다'는 큰 차이가 있는 문구입니다. 변호인이 압수수색 과정에 반드시 참여해야지만 절차를 진행할 수 있는 것은 아니기 때문에, 극단적으로는 변호인의 참여 없이 압수수색을 하더라도 형사소송법을 위반하는 것이 아닙니다.

즉, 수사기관은 압수수색을 할 때 변호인이 참여할 수 있는 기회를 보장하기 위해 노력하지만, 변호인이 도착할 때까지 무조건 기다려야 할 의무는 없습니다.

> **형사소송법**
>
> **제121조(영장집행과 당사자의 참여)**
> 검사, 피고인 또는 변호인은 압수·수색영장의 집행에 참여할 수 있다.

"자발적으로 압수수색에
참여하지 않으면 어떻게 되나요?"

압수수색의 대상인 피의자가 영장을 교부받은 다음 건물 앞에서 대기하고 있었을 뿐, 범행 당시 사용하였던 사무실이 몇 달 전 이미 철수하여 비어 있을 것으로 판단하여 압수수색 현장에 직접 참여하지 않기로 결정한 사안에 대하여, 법원은 위 피의자가 참여하지 않은 압수수색이 적법하다고 판단했습니다.

먼저 법원은 형사소송법 제121조의 참여권 규정의 본질을 명확히 했습니다. 이 조항은 당사자의 참여 '권리'를 보장하는 것이지, 참여 '의무'를 부과하는 것이 아니라고 보았습니다. 또한 영장을 집행하는 수사기관에게도 당사자를 반드시 참여시켜야 할 의무를 부과하는 것은 아니라고 해석했습니다.

나아가 법원은 형사소송법 제122조 단서를 함께 검토

했습니다. 이 조항은 참여권자가 불참 의사를 표시하거나 급속을 요하는 경우에는 참여 통지를 생략할 수 있다고 규정하고 있습니다. 이는 당사자가 스스로 참여권을 행사하지 않을 수 있음을 전제로 한 것입니다.

이러한 법리를 바탕으로 법원은 수사기관이 피의자의 참여를 적극적으로 배제한 것이 아니라 피의자가가 스스로 참여하지 않기로 한 것이므로 압수수색 절차에 위법이 없다고 결론지었습니다.

20

만약에 변호인이 선임되어 있지 않은 상태면
어떻게 하지요?

변호인이 이미 선임되어 있는 경우라도 무작정 기다려주지 않는데, 선임마저 되어 있지 않은 상황에서 아직 존재하지도 않는 변호인이 올 때까지 기다려주는 경우는 없습니다.

압수수색을 하러 나갔다가 변호인이 없다는 이유로 압수수색을 뒤로 미루고 변호인을 선임하는 시간을 준다면, 당사자가 비밀을 지키려고 노력한다 해도, 그 사건에 대해 수사를 한다는 소문이 퍼져 사건관계자들끼리 말을 맞추거나 증거를 없애는 일이 벌어질 수 있기 때문입니다.

만약 수사를 받게 될 것 같아서 상담을 하였거나 '설마 압수수색까지 나오겠어?', '그렇게까지 심하게 수사를 하겠어?' 하는 마음으로 선임할지 망설였던 변호인이 있다면, 바로 전화해서 선임계를 지참하고 즉시 압수수색에 참여하도록 부탁하는 방법을 고려해볼 수 있습니다.

PART 3

수색과 압수

21

압수수색이 무슨 뜻인가요?
'압색'이라는 말도 쓰던데
'압수'와 같은 말인가요?

기사를 보면 '압수수색'을 줄여 '압색'이라는 말을 쓰기도 합니다. 이렇게 한 단어처럼 사용하고 있지만, 사실 '압수'와 '수색'은 의미가 다릅니다.

형사소송법상 '압수'란, 증거물 또는 몰수할 것으로 사료하는 물건이 점유를 강제적으로 취득하는 처분입니다. 쉽게 예를 들자면 칼로 사람을 찔러 다치게 했다면 그 칼(증거물), 마약을 판매하여 받은 현금(몰수할 것으로 사료하는 물건) 등을 강제로 빼앗아 오는 것입니다.

한편 형사소송법상 '수색'이란, 증거물, 몰수할 것으

로 사료하는 물건 또는 사람을 발견하기 위하여 사람의 신체, 물건, 주거 기타 장소에 강제력을 행사하는 처분을 말합니다. 역시 쉽게 예를 들자면 사람을 찌른 칼, 판매하고 남은 마약, 마약 판매로 받은 현금 등을 찾기 위해 집, 사무실, 사람의 몸을 뒤지는 것입니다.

우리는 압수수색, 압수, 압색이라는 말을 사용하지만, 범죄를 저질렀다는 의심이 들 때 유죄라고 판단하여 기소에 이를 정도의 증거를 확보하려면, '증거가 있을 것이라고 보이는 장소 등을 뒤져서 찾는 과정', '찾아낸 자료가 사건과 관련되어 있는지 확인하여 빼앗는 과정'이 필요합니다. 엄밀히 구분하자면 '수색'을 한 후 '압수'를 하는 것이지요.

"선거관리위원회는 헌법기관이라서
압수수색을 할 수 없나요?"

　선거관리위원회는 헌법 제114조에 따른 독립적인 헌법기관입니다. 그러나 헌법기관이라고 해도 법 집행에서 예외가 되지는 않습니다. 헌법기관도 형사소송법에 따라 법원의 영장이 발부되면 압수수색이 가능합니다.

　다만 헌법기관의 독립성과 본질적인 기능이 침해되지 않도록 신중한 접근이 요구됩니다. 선거관리위원회는 선거의 공정성이 가장 중요한 만큼 이 부분에 대한 침해가 없도록 영장을 집행해야 합니다. 결론적으로 선거관리위원회를 압수수색하기 위해 비상계엄 선포가 필요하지는 않습니다.

　그렇다면 비상계엄을 선포하면 영장을 받지 않고 압수수색이 가능할까요? 비상계엄은 헌법 제77조에 규정되어 있으며, 계엄법에 따라 법률 등의 일부 효력이 제한되거나 행정·사법 권한이 군에 이양될 수 있습니다.

그러나 비상계엄이 선포되더라도 기본권 제한은 최소한으로 이루어져야 하며 압수수색 등의 법 집행은 계엄법 및 관련 법령에 근거하여 이루어져야 합니다. 만약 비상계엄에 따라 압수수색이 이루어졌다면, 비상계엄 선포의 정당성과 압수의 필요성 및 상당성 등이 명확하게 입증되어야 합니다. 비상계엄 상황이라고 하여도 그에 합당한 사유가 필요한 것입니다.

또한 비상계엄은 일종의 통치행위에 해당하기는 합니다만 비상계엄의 선포가 국헌문란의 목적과 관련이 있다면 법원은 그 자체가 범죄행위에 해당하는지 사법심사를 할 수 있습니다. 결국 비상계엄 시 영장 없는 압수수색이 가능할 수는 있으나 사후적으로 정당성에 대한 판단을 받을 수 있는 것이지요.

22

압수수색이 들어와서 온 집 안을 뒤졌는데
아무것도 안 나왔습니다.
이후 어떻게 되나요?

　대량의 마약을 밀수하여 판매하기 위해 보관하고 있
는 집을 알고 있다는 수사정보를 입수했다고 가정해봅
시다. 건물 뒤 공터에서는 대마도 키우고 있다고 합니
다. 은밀하게 압수수색을 나갔는데, 집 구석구석을 뒤져
보았지만 어디에도 마약으로 보이는 물건이 없습니다.
마침 주방에서 검은 비닐봉지 안에 들어 있는 흰 가루를
발견하고 마약으로 기대해보았으나, 찹쌀옹심이를 만
들기 위해 갈아둔 찹쌀가루로 확인되었습니다. 공터에
대마는 없었고 깻잎만 무성히 자라고 있는 상황입니다.

압수할 물건을 찾기 위해 샅샅이 뒤져보았으나 아무
것도 나오지 않을 때, 수사기관은 아무것도 없었다는 증
명서를 써주어야 합니다.

형사소송법

제128조(증명서의 교부)
수색한 경우에 증거물 또는 몰취할 물건이 없는 때에는 그 취지
의 증명서를 교부하여야 한다.

■ 검찰사건사무규칙 [별지 제141호서식]

○○○○검찰청

(전화번호)

검

수검

                      .   .   .

수 신   발 신   검찰청

제 목   증명서   검사   ㊞

             에 대한   사건에 대하여   에서   을

수색한 결과 증거물 또는 몰수할 물건이 없음을 증명합니다.

210mm×297mm

(신문용지 54g/㎡)

23

압수수색 중에 제게 자꾸 말을 시켜요.
말해도 되나요?

　수사를 할 때 '라포 형성'이 중요하다는 말이 있습니다. 수사를 하는 주체도, 수사를 받는 상대방도 사람이기 때문에, 서로의 상황과 입장을 이해하고 공감하려는 노력이 중요할 수 있습니다. 압수수색도 마찬가지입니다. 대화를 하다 보면 진실을 밝히기 위해 노력하는 수사기관의 의지에 마음을 움직여 입장을 바꾸는 사람도 있고, 또 압수수색을 당하는 사람의 처지를 수사관이 이해하여 배려해주는 경우도 있습니다.

　그런데 위의 경우는 매우 이상적인 상황입니다. 압수

수색 현장에서는 고도의 눈치 싸움과 정보를 얻어내기 위한 전략이 동원됩니다. 압수수색을 할 때 아무 생각 없이 가는 것이 아닙니다. 일부 수사관은 결정적인 증거를 찾기 위해 열심히 뒤지고, 또 일부 수사관은 압수수색을 당하는 사람과 교감하며 대화를 시도합니다. 의미 없는 일상적인 대화 같지만, 그 안에서 중요한 단서를 찾기 위해 촉각을 세우고 있습니다. 압수수색을 당하는 사람도 마찬가지입니다. 수사의 방향이 무엇인지, 수사관이 어느 정도까지 알고 있는지 파악하기 위해 신경을 곤두세우고 있습니다. 때로는 역정보를 흘리는 경우도 있지요.

내가 지금 말하는 내용이 이 사건에 유리할까, 불리할까 깊이 고민하고 유리한 내용만 말했다고 생각하더라도, 사실은 수사기관이 원하고 있던 바로 그 정보일 수도 있습니다. 변호인이 없는 상태에서 '이 정도면 괜찮을 거야'라고 생각하고 내뱉은 한마디로 낭패를 볼 수도 있습니다. 말을 할지 말지는 여러분의 자유입니다. 다만 여러분의 상대는 고도로 훈련된 수사 전문가라는 점만 잊지 않으면 됩니다.

24

압수수색 도중 지인이 집으로 찾아왔어요.
들어오게 해도 되나요?

압수수색을 하는 중 다른 사람이 올 경우 수사관은 의심할 수밖에 없습니다. 갑자기 왜 왔지? 무엇을 가져다주려고 왔나? 아니면 무엇을 빼돌리려고 왔나? 영화의 한 장면처럼 짜장면을 배달하러 온 것처럼 행세하면서 사건의 중요한 증거가 될 USB를 몰래 받아 빼돌리는 경우도 있으니까요.

그래서 압수수색 중에는 다른 사람의 출입을 금지하는 경우가 대부분입니다. 그리고 수사관이 출입하지 못하게 했는데도 다른 사람과 접촉을 시도하려는 경우 아예 압수수색 현장에서 쫓겨나게 될 수도 있습니다. 이 때문에 반드시 집 안에 들어와야 하는 사람이 있다면 압수수색을 나온 수사기관과 협의하여 진행하는 것이 좋습니다.

형사소송법

제119조(집행 중의 출입금지)

❶ 압수·수색영장의 집행 중에는 타인의 출입을 금지할 수 있다.

❷ 전항의 규정에 위배한 자에게는 퇴거하게 하거나 집행종료시 까지 간수자를 붙일 수 있다.

25

영장에는 야간에 사무실을
압수수색할 수 있다는 표시가 없어요.
퇴근해야 하는데
내일 이어서 하자고 하면 안 될까요?

　원칙적으로 압수수색은 주간에 해야 하며, 부득이한 사정으로 야간에 할 경우 야간에도 집행할 수 있는 영장을 받아야 합니다.

　영장에 '일출 전, 일몰 후 가능'하다는 문구가 없다면, 압수수색은 주간에 이루어져야 하는데, 압수할 물건이 많거나, 사건과의 관련성을 꼼꼼히 따져보아야 하거나, 컴퓨터에 저장된 자료가 방대해서 이미징하는 데에 많은 시간이 소요된다면, 당일 압수수색을 마치기 어려울 것입니다.

압수수색을 중지하고 다음 날 다시 시작할 수도 있는데, 이 경우 압수수색을 당하는 사람을 상대로 그러한 내용에 대해 설명을 들었다는 확인서를 받습니다. 이후 수사기관은 압수수색 현장을 봉인하고(영화에서 보는 것처럼 특정 장소에 대한 출입금지도 가능합니다), 다음 날 이어서 압수수색을 진행합니다.

형사소송법

제127조(집행중지와 필요한 처분)
압수·수색영장의 집행을 중지한 경우에 필요한 때에는 집행이 종료될 때까지 그 장소를 폐쇄하거나 간수자를 둘 수 있다.

26

영장에는 '사무실'만 압수수색 장소로 되어 있는데,
수사에 협조하라며 '집'에 같이 가자고 합니다.
어떻게 하지요?

영장에서 '수색할 장소, 신체' 등을 꼼꼼히 살펴보면,
어느 부분까지 뒤질 수 있는지 알 수 있다고 말씀드렸습
니다. 그런데 간혹 영장에는 사무실만 압수수색할 수 있
도록 적혀 있지만, 압수수색을 마치고 나서 수사관이 집
이나 자동차를 보자고 제안하는 경우가 있습니다.

영장에는 적혀 있지 않는 장소를 수색하도록 허락할
필요는 없습니다. 다만 무죄를 증명하기 위해, 정말 아
무것도 없다는 것을 보여주기 위해 수사에 협조하는 차
원에서 자발적으로 동의할 수는 있습니다.

27

압수수색이 끝난 뒤, 간단한 조사를 하겠다며
사무실(수사기관)로 가자고 합니다.
따라가야 할까요?

압수수색을 마치고 압수물을 확보하고 나면, '분석'이
라는 것을 합니다. 압수해 온 서류, 파일 등을 종합적으
로 살펴보면서 누가, 언제, 어디에서 무엇을, 누구와 함
께, 왜 했는지 사실관계를 파악하는 것입니다.

통상의 경우 압수물 분석이 끝나면 관련된 사람을 수
사기관으로 불러 그 내용을 확인하는 조사를 하게 됩니
다. 그러나 때로는 압수수색 과정에서 사실관계를 물어
보다 그 자리에서 진술서를 받기도 하고, 때로는 압수수
색을 마치자마자 "사무실에 가서 간단히 몇 가지 물어

보겠다"라고 하기도 합니다.

수사관이 가질 수 있는 의혹, 선입견, 오해 등을 풀고 결백함을 밝히기 위해 조사에 응하는 것이 유리할 수도 있지만, 수사관이 어떤 의도를 가지고 조사할지 모르는 상황에서 무턱대고 진술하는 것이 불리할 수도 있습니다. 상황 판단을 제대로 할 수 있는 변호인의 조력이 필요한 순간입니다.

28

수사관들이 조금이라도 불편해하는 행동을 하면,
강력하게 이의제기를 해야
불이익을 받지 않는다고 하던데요.
사실인가요?

압수수색 과정에서 상호 입장이 팽팽하게 맞서는 순
간이 있습니다. 영장에 적혀 있는 내용이 애매하여 해석
이 엇갈릴 때, 수사관은 압수해 가려고 하는데 당사자
입장에서는 사건과 전혀 관계가 없는 것이라고 판단할
때입니다.

기업체 회장이 보관, 관리하는 서류를 압수하도록 영
장이 발부되었는데, 회장실 바로 옆에 붙어 있는 비서실
에 회장이 방금 결재하였을 법한 서류가 있는지 확인하
려고 비서의 캐비닛을 열어볼 수 있을까요?

영장에는 2024. 3.경 피해자를 몰래 촬영한 동영상 파일을 압수하도록 기재되어 있는데, 컴퓨터에 저장된 파일들을 훑어보다 보니 2022. 10.경 촬영된 동영상 파일도 발견되었을 때 그 파일도 함께 압수할 수 있을까요?

영장의 내용과 압수하려는 물건을 잘 따져보고 이의제기할 것이 있다면 해야 합니다. 다만, 이의제기가 받아들여진다고 해서 수사기관이 바로 압수수색을 포기할 것이라 기대한다면 큰 오산입니다. 문제되는 문구를 명확하게 고치거나, 새로운 범죄사실을 추가하거나, 압수물을 추가하는 방식으로 새롭게 영장을 청구하여 발부받아 다시 압수수색을 시도할 수 있습니다. 간혹 수사기관 입장에서 사활을 걸고 추가 영장을 청구하면서 사건이 확대되는 경우도 있어, 호미로 막을 수 있었던 일을 가래로 막아야 할 상황이 생기기도 합니다.

압수수색 현장에서 상황을 제대로 파악하고, 법이 정한 절차에 따라 영장에 의한 압수수색이 이루어지도록 의견을 제시하되, 절대 감정적으로 대응해서는 안 될 것입니다.

PART 4

수색할 장소, 신체, 물건

29

압수수색영장을 보니
'수색할 장소, 신체, 물건' 부분이 따로 있던데,
'신체'가 수색의 대상이면
온몸을 뒤진다는 뜻인가요?

수사기관이 압수수색영장을 집행하는 절차는 먼저 압수할 물건이 있는지 찾아보고(수색 단계), 만약 압수할 물건이 있으면 이를 가져가는(압수 단계) 등 엄밀하게 따지면 2단계로 나뉩니다. 이 중 수색할 수 있는 대상은 장소, 신체, 물건 등이 있는데, 만약 영장에 '신체'가 대상으로 적혀 있다면 '신체'를 수색하여 영장에 기재되어 있는 범죄사실과 관련성이 있는 물건을 최종적으로 압수하게 되는 것이지요.

수사기관은 압수수색을 당할 사람(피압수자)에게 영

장을 제시하면서 '신체'를 수색하겠다고 고지를 하지만, 통상 강제로 사람의 몸을 뒤지기보다는 압수해 갈 물건이 있는지 확인하고 임의제출을 받는 편을 선호합니다. '신체'의 특수성 때문인데요. 영화에서 보는 것처럼 온몸을 마구 더듬어서 확인할 경우 자칫 불필요한 갈등이 발생할 수 있기 때문입니다. 압수수색 과정에서 수사관이 몸을 더듬고 불쾌한 행동을 하였다는 이유로 인권을 침해당했다며 국가인권위원회에 진정서를 제출하는 경우도 있으니까요.

한편 여성의 몸이 수색의 대상일 때에는, 성년의 여성 수사관이 참여하여 신체를 수색합니다. 또한 고령자가 압수수색 대상일 경우 성인 남성에 비해 좀 더 부드럽게 압수수색을 진행합니다.

형사소송법

제124조(여자의 수색과 참여)

여자의 신체에 대하여 수색할 때에는 성년의 여자를 참여하게 하여야 한다.

신체를 수색할 때는 보통 사람의 몸에 지니고 다닐 수 있는 물건, 즉 휴대전화, USB, 수첩, 귀금속 등과 같이 부피가 크지 않으나 중요한 것들이 압수수색의 대상물입니다. 수사기관은 옷의 주머니, 신발 밑창까지 꼼꼼하게 수색하여 범죄와 연관된 물건을 찾으려고 합니다. 발견되면, 영장에 기재된 내용에 따라 강제로 압수하는 것이지요.

만약 마약범죄에 연루돼 있거나 음주운전으로 의심받고 있는 상황이라면 단순하게 휴대품 등을 확인하는 수준을 넘어서 별도의 신체 압수수색이 행해질 수 있습니다. 예를 들어 마약류관리법위반 혐의로 경찰에 의해 압수수색을 받은 유 모 씨의 경우 영장에 따라 체모 약 160가닥을 압수당했습니다. 박 모 씨 역시 마약 투약혐의 등으로 마약 검사에 필요한 모발이 압수됐습니다. 또한 음주운전을 하고 사고를 낸 후 현장에서 도주했다가 체포된 때에는 음주 여부를 판별하기 위한 '혈액' 등에 대한 압수수색영장도 가능합니다.

즉, 영장의 '압수할 물건' 부분에 모발이나 소변, 혈액까지 기재되어 있다면, 신체 압수수색은 단순하게 몸을 뒤지는 것에 그치는 것이 아니라 모발, 혈액이나 소변 등 신체의 일부분을 강제로 채취해 압수할 수 있다는 의미입니다. 결론적으로 압수수색영장에는 '신체'가 적혀 있을 수 있습니다. 그러나 영화처럼 온몸을 탈탈 털어서 압수수색을 하는 것은 인권침해적 요소가 있으므로 상황에 따라 적절한 대응이 필요합니다.

"마약 사건 압수수색에서의 '관련성'의 정의는 무엇인가요?"

필로폰 투약 등으로 구속된 B가 "사실은 A로부터 필로폰을 매수하고 대마를 수수하였다" 사실을 수사기관에 제보하였습니다. 수사기관은 제보자 B의 진술, A와 B의 통화내역 등을 근거로 A의 필로폰 매매 및 대마 수수 혐의에 대한 압수수색영장을 발부받아 A의 소변·모발 등을 압수하였는데, A의 소변·모발이 원래 영장 혐의 사실과 관련성이 있는지, 영장 발부 사유인 필로폰 매매 및 대마 수수와는 무관한 별개의 증거가 아닌지 쟁점이 되었습니다.

압수수색영장은 다음과 같이 발부되었습니다.

압수·수색·검증을 필요로 하는 사유

관련 증거 등을 살펴볼 때 피의자가 마약류 관련 죄를 범하였다고 의심할 만한 정황이 있다. 피의자로부터 압수·수색·검증할 물건들은 피의자의 마약류 범죄 사건과 관련이 있다고 인정할 수 있는 것으로서 이러한 증거들 확보하여 피의자 범죄사실 명백히 하고자 압수·수색·검증영장 신청한다.

소변·모발 압수수색검증의 필요성

현재까지 공범의 구체적 진술과 통화내역 등 수사 결과로 특정된 피의자의 범죄사실은 필로폰매매 및 대마 수수이고, 마약류 투약 등 혐의에 대해서는 특정된 것이 없어 압수·수색·검증영장에 피의자의 마약류 투약 범죄사실은 기재되지 않았다. 그러나 마약류 사범특성상 마약류를 매매·수수하면서 투약까지 일삼는 명백한 사실은 수많은 마약류 사범의 수사 및 재판과정에서 드러난 논리적인 경험법칙에 의해 인정된다. 비록 압수·수색·검증영장에 피의자의 마약류 투약 범죄사실이 기재되지 않았다지만 피의자가 마약류를 매매한 정황과 그 동안 마약류 관련 범죄로 7회에 걸쳐 처벌 받은 전력으로 보았을 때 피의자의 신체에서 소변·모발을 압수하고 이를 검증할 필요성은 당연히 인정된다.

압수할 물건

피의자의 소변(약 50cc), 모발(약 70수), 마약류관리에관한법률에서 지정한 마약류, 마약류 투약 시 사용되는 도구 일체(일회용 주사기 등), 마약류 매매에 사용된 것으로 보여지는 저울 및 봉투

법원은 관련성이란 '압수수색영장에 기재된 혐의사실과 객관적 관련성이 있고 압수수색영장 대상자와 피의자 사이에 인적 관련성이 있는 경우'를 의미하고, 특히 객관적 관련성은 단순히 동종·유사 범행이라는 이유만으로는 부족하고, 구체적·개별적 연관관계가 있어야 한다고 강조하면서, 세 가지 측면에서 관련성을 인정했습니다.

첫 번째, 소변·모발 감정 결과는 혐의사실의 정황증거가 될 수 있다고 보았습니다. 소변 감정은 최근 1-2주 내의 투약 여부를, 모발 감정은 그 이전의 투약 여부를 확인할 수 있으므로, A가 필로폰 매매·대마 수수 시점 전후로 마약을 투약했다는 사실은 당시 마약류를 소지하고 있었거나 구할 수 있었다는 점을 뒷받침하는 증거가 된다는 것입니다.

두 번째, 다량의 필로폰·대마 및 투약도구 소지 역시 매매·수수 혐의의 간접증거가 될 수 있다고 판단했습니다. 이는 혐의사실의 수단과 방법, 장소 등을 증명하는 데 도움이 되는 정황증거라는 것입니다.

세 번째, 마약류 범죄의 특수성도 고려했습니다. 마약류 범죄는 중독성으로 인해 반복적·계속적으로 이루어지며, 은밀한 공간에서 이뤄져 증거수집이 곤란하다는 특성이 있습니다. 따라서 영장 발부 이후의 범행이라도 당초 예상할 수 없었던 것이 아니라면 관련성을 인정할 수 있다고 보았습니다.

30

아무리 영장을 가지고 압수수색을 한다고 해도,
속옷이 들어 있는 서랍까지 함부로 뒤지는데
너무 심한 거 아닌가요?

압수수색영장에는 범죄사실과 관련된 물건들이 있을 것으로 예상되는 장소나 물건이 기재되어 있습니다. '주거지'를 수색할 장소로 영장이 발부되었다면, 책상 서랍이나 주방 찬장 등 물건을 숨겨놓을 수 있는 곳은 굳이 영장에 자세히 적어두지 않았더라도 수색이 가능합니다. 속옷이 보관되어 있는 안방 서랍의 경우도 범죄와 관련된 물건을 숨길 수 있으니 어찌 보면 당연히 수색이 가능합니다.

실제로 압수수색이 시작되기 직전 휴대전화 등을 서

랍 안 양말 뭉치에 끼워 넣거나 서랍과 서랍 사이에 끼워 넣는 사람들도 있는 만큼 수사기관이 압수수색을 충실하게 하기 위해 서랍을 뒤지는 것은 어쩔 수 없는 일이라고 생각됩니다. 온 집 안을 뒤지고 다니는데 이상하게 침대에만 앉아 있기에 잠시 일어나보라고 하여 침대를 뒤져보니 매트리스 밑에 중요한 서류를 끼워 넣어 깔고 앉아 있었다는 아주 유명한 일화도 있으니까요.

이렇다 보니 수사기관은 뭐라도 찾아내기 위해 눈에 보이는 모든 곳을 뒤질 수밖에 없습니다. 문제는 매우 개인적이고 은밀한 물건이 있는 곳을 수색할 때입니다.

속옷은 다른 사람들에게 보여주기 껄끄러운 물건입니다. 그러나 수사기관이 속옷 서랍을 뒤지겠다면 현실적으로 막을 방법은 없습니다. 얼마 전 이와 비슷한 문제로 언론이 시끄러웠던 적도 있습니다.

만약 속옷이 들어 있는 서랍에 다른 사람의 손이 닿는 것이 불편하다면, 그 이유를 설명하고 직접 서랍을 열어서 수사기관이 납득할 수 있도록 보여주는 방법도 가능할 것으로 보입니다. 압수수색은 강제처분의 일종

이기는 하나 개인의 프라이버시나 사생활 또한 최소한
으로 침해돼야 하기 때문입니다.

　보통 주거지를 압수수색할 경우 여성 수사관 등이 참
여를 합니다. 여성이나 아이들 관련 문제를 전담하기 위
해서입니다. 자신의 속옷을 이성 수사관이 꺼내 들고 뒤
질 경우 수치심이나 불쾌감을 느낄 수 있다는 점을 얘기
하며 압수수색 방식에 대해 타협점을 찾을 수 있는 것이
지요.

31

사무실에서 근무하고 있는데,
수사기관이 영장을 들고 왔습니다.
어떻게 해야 하나요?

　수사기관이 들고 온 영장은 법원이 발부한 것으로, 압수수색 자체를 막을 수는 없습니다. 법원이 엄격하게 심사하여 강제수사를 허가하였는데, 회사가 "들어오지 마세요"라며 거부할 수는 없기 때문입니다. 또한 압수수색은 신속하고 은밀하게 진행되기 때문에 회사 입장에서는 사실 막거나 대비할 방법이 거의 없습니다.

　영화나 드라마에서 볼 수 있듯 압수수색은 갑자기 회사 로비에 수십 명의 검사, 수사관이 등장하여 영장을 제시하고 범죄사실과 연관된 압수 대상물이 있는 장소를 수색하는 것으로 시작됩니다.

대기업의 경우에는 출입 절차가 존재한다며, 보안요원이 수사관들의 사무실 진입을 막는 등 압수수색을 막는 행동을 하기도 합니다. 통상 수사관들은 보안요원들과의 물리적 마찰을 피하고 대응을 자제하면서, 영장 집행에 불응할 어떠한 불이익이 있는지를 설명하며 사무실에 들어갑니다.

그러나 증거인멸을 막기 위한 급습이 필요한 경우 수사관들은 출입 절차를 무시하고 출입 차단기를 넘어 압수수색을 시작하기도 합니다. 이 시점에서 공무집행이 시작되므로, 막거나 방해한다면 공무집행방해 등의 범죄를 저지른 현행범으로 취급될 수 있어 주의가 필요합니다.

압수수색영장에 '사무실'이 적혀 있다면, 수사기관은 사무실 책임자에게 영장을 제시하고 변호인을 참여하게 할 수 있다고 고지한 후 압수수색을 진행하게 됩니다. 이때 증거인멸 등을 방지하기 위하여 압수 대상자들을 공간적으로 격리하는 경우도 있고, 휴대전화 등의 사용을 금지할 수도 있습니다. 이러한 절차는 통상적인 것이므로 만약 예외적인 상황이 있다면 그 이유를 설명한 후 장소를 이동하거나 전화통화를 하는 것이 가능합니다. 압수수색 당사자를 격리하는 목적은 공범 등과 연락하여 증거를 인멸하기 위한 시도를 막기 위한 것이므로, 타당한 이유가 있다면 휴대전화를 사용하지 못하게 하는 것이 오히려 권리를 침해하는 것이지요.

난생처음 검사와 수사관을 보면 놀랄 수밖에 없습니다. 그러나 수사기관 또한 그들에게 맡겨진 일을 하는 것이므로 크게 위축될 필요는 없습니다.

사무실 압수수색에서 가장 많은 분쟁이 발생하는 지점은, 각 직원의 업무 구역에 대한 수색과 압수 절차에 대한 것입니다. 예전에야 사무실 책임자에게 영장을 보여준 후 사무실 전체를 압수수색하는 것이 가능했지만, 요즘에는 개인적 업무 공간을 수색할 경우 영장을 제시해야 할 때도 있습니다.

32

병원에 압수수색이 들어왔어요.
환자들의 민감한 의료정보가 잔뜩 있는데
막을 방법이 없을까요?

의사가 아닌 무자격자에게 대리 수술을 시키거나 적법한 처방전 없이 환자들에게 프로포폴과 같은 마약류를 제공한 사건 등 병원과 관련된 사건·사고가 증가하고 있습니다. 그렇다 보니 병원에 대한 압수수색 또한 증가하는 추세입니다.

수사기관은 범죄혐의와 관련된 물건을 확보하기 위해 병원 책임자에게 압수수색영장을 제시하고 진행해야 합니다. 이 때문에 병원 책임자가 출근해 있는 시간대를 선택해 압수수색을 집행합니다. 원칙적으로 병원장을 책임자로 볼 수 있지만, 병원장이 없다면 부원장이나 업무를 대신하는 사람이 책임자가 될 수 있습니다. 원장이 없어도 압수수색이 진행될 수 있는 것이지요.

자신이 병원 책임자라면 차분하게 영장을 보고 범죄사실, 압수수색 장소, 물건 등을 꼼꼼하게 확인한 후 영장의 범위 내에서 압수수색이 진행되는지 하나씩 체크하면 됩니다. 특히 범죄사실과 관련된 압수수색인지를 확인하는 것이 좋습니다. 가령 범죄사실에 프로포폴을 처방전 없이 투약한 혐의라고 적혀 있다면, 프로포폴이 아닌 다른 물건을 수색하거나 압수하는지 잘 확인해야 합니다.

그런데 병원은 일반적인 압수수색과 달리 신경 써야 할 것이 하나 더 있습니다. 압수수색의 예외에 해당하는 물건 등이 있는지 주의해야 합니다. 구체적으로 말씀드리면, 병원 등은 업무상 필요에 의해 보관하고 있던 다른 사람의 비밀과 관련된 물건의 압수를 거부할 수 있기 때문에 수사기관이 압수하는 물건 중에 다른 사람으로부터 위탁을 받아 보관하고 있던 비밀과 관련된 물건이 섞여 들어가는지 꼼꼼하게 따져봐야 합니다.

물론 중대한 공익상 필요가 있다면, 수사기관은 설령 그것이 다른 사람의 비밀과 관련된 내용이라 할지라도 압수를 할 수 있습니다. 그러나 '공익상 필요'라는 기준은 상황에 따라 달라질 수 있고 '중대성'이라는 기준도 애매한 측면이 있습니다. 특히 사안이 급박하게 돌아가는 압수수색 현장에서 '중대성', '필요성'의 의미를 정확하게 알기란 매우 어렵습니다.

결국 병원은 형사소송법에 따라 '업무상 위탁을 받아 보관하고 있던 다른 사람의 비밀과 관련된 것'은 압수를 거부할 수 있기 때문에 압수물의 대상이 되는 물건을 한 번 더 꼼꼼하게 확인해야 하는 것이지요.

이와 유사하게 압수를 거부할 수 있는 경우는 변호사의 '변호인의 비밀유지'도 있습니다. 변호사가 의뢰인으로부터 전달받은 정보는 변호사와 의뢰인 간의 신뢰 관계에 기반하므로, 변호사는 이를 타인에게 공개할 수 없습니다. 이는 피고인의 방어권 보장을 위해 매우 중요합니다.

또한 종교인의 경우 '신자의 고백 내용'도 압수를 거부할 수 있습니다. 종교인이 신자에게 듣게 되는 고백 내용 역시 개인의 신앙생활과 밀접하게 연관되어 있으므로 종교인은 이러한 고백 내용을 비밀로 유지해야 합니다.

형사소송법

제112조(업무상비밀과 압수)

변호사, 변리사, 공증인, 공인회계사, 세무사, 대서업자, 의사, 한의사, 치과의사, 약사, 약종상, 조산사, 간호사, 종교의 직에 있는 자 또는 이러한 직에 있던 자가 그 업무상 위탁을 받아 소지 또는 보관하는 물건으로 타인의 비밀에 관한 것은 압수를 거부할 수 있다. 단, 그 타인의 승낙이 있거나 중대한 공익상 필요가 있는 때에는 예외로 한다.

"변호인과 의뢰인 사이의 대화 내용이 담긴
녹음파일은 압수수색이 가능한가요?"

　의료과실치사 혐의를 받던 의사 휴대전화에 대해 수사기관이 압수수색영장을 발부받아 집행하는 과정에서, 변호인 사이의 통화 녹음파일이 발견되었습니다. 이 녹음파일은 의사가 피의자신문을 받기 약 11시간 전에 변호인과 나눈 대화를 담고 있었습니다. 수사기관은 이를 압수하였고, 이에 압수수색을 당한 의사 측은 변호인의 조력을 받을 권리를 침해했다며 아래와 같은 근거를 들어 준항고를 제기했습니다.

　첫 번째, 헌법 제12조 제4항이 보장하는 변호인의 조력을 받을 권리는 단순히 변호인을 선임할 권리를 넘어, 변호인과의 충분한 상담과 조언을 받을 권리를 포함합니다. 헌법재판소도 이러한 조언과 상담이 변호인의 가장 핵심적인 역할이라고 판시한 바 있습니다.

　두 번째, 우리 법체계는 변호인과 의뢰인 사이의 비밀

유지를 중요하게 보호하고 있습니다. 형법은 변호사의 업무상 비밀누설을 처벌하고, 형사소송법은 변호사가 업무상 보관하는 비밀에 관한 물건의 압수를 거부할 수 있도록 하고 있습니다.

세 번째, 형사소추의 위험에 대비하고 강제수사에 대항하기 위해서는 변호인과의 신뢰 관계가 필수적입니다. 따라서 비록 명문 규정은 없더라도, 피의자가 법률자문을 받을 목적으로 변호인과 비밀리에 나눈 의사교환은 그 공개를 거부할 수 있다고 보아야 합니다.

결국 피의자신문 직전에 이루어진 변호인과의 대화는 법률자문을 위한 비밀스러운 의사교환에 해당하므로, 당사자들의 동의 없이 이를 압수한 것은 변호인의 조력을 받을 권리를 직접적으로 침해한 위헌적 처분이라고 볼 수 있다는 것입니다.

33

영장을 봤더니 '책상'이라고 되어 있는데요.
그렇다면 책상 바로 옆에 있는 쓰레기통도
포함되는 건가요?

일률적으로 보기는 어렵습니다만, 검사가 청구한 영
장을 발부한 영장전담판사는 비록 영장에 '책상'이라고
되어 있지만 책상 옆이나 아래에 있는 서랍, 의자 등이
포함된다고 생각하였을 가능성이 높습니다. 책상 아래
서랍은 책상과 일체로써 업무 공간을 형성하기 때문입
니다. 따라서 서랍 등의 경우에는 책상에 포함된다고 보
는 것이 타당하므로, "영장에 없으니 압수수색 범위 밖"
이라고 주장하여 마찰을 일으키는 것은 바람직하지 않
습니다.

그런데 쓰레기통은 조금 다르다고 볼 수 있습니다. 책상 옆에 있지만 서랍처럼 책상과 일체로서 업무 공간으로 기능한다고 보기는 어렵습니다. 물론 업무를 하다가 쓰레기를 버릴 수도 있지만, 업무와 무관한 쓰레기가 들어갈 수도 있습니다.

그러나 수사기관 입장에서는 압수 대상자가 서류나 USB 등을 쓰레기통에 버릴 수 있기 때문에, 쓰레기통은 반드시 확인하는 경우가 많습니다. 문서 세단기(파쇄기)를 열어 그 안을 살펴보는 경우도 있으니까요. 이처럼 책상 옆 쓰레기통의 경우 일본에서는 긍정적인 법원 판결이 있기도 합니다.

그럼에도 영장에 기재된 내용과 관계가 없어 보이거나 멀리 떨어져 있는 쓰레기통은 영장 범위 밖이라고 이의를 제기할 수도 있습니다. 이의제기는 법에 어긋나는 것이 아니라 형사소송법 등에 보장된 정당한 권리이므로, 예상하지 못한 불이익을 피하기 위해 현장에서 적절하게 판단하여 그에 맞게 대응하면 됩니다.

34

영장에 '사무실'이라고 되어 있는데,
개인 물건이 들어 있는
캐비닛을 뒤져도 되나요?

사무실에 대한 압수수색영장이 발부되었다면, 그 사무실 내에 있는 책장이나 책상 등도 압수수색 대상에 포함됩니다. 그러나 만약 사무실 안에 제3자의 물건이 별도로 존재한다면, 이에 대해서는 신중한 검토가 필요합니다. 영장에 기재된 범죄사실과 관련성이 낮은 제3자 소유의 물건은 압수 대상으로 보기 어렵기 때문입니다.

다만 수사기관의 입장에서는 그런 물건이 보관된 개인 캐비닛 등에 대해서도 일단 수색 과정을 거칠 수밖에 없습니다. 물건의 소유관계나 범죄 관련성 여부를 확인하기 위해서는 최소한의 수색 절차가 불가피하기 때문입니다.

이와 유사한 쟁점이 은행 대여금고의 압수수색 과정에서도 발생할 수 있습니다. 은행 대여금고는 임대차계약에 따라 개별 고객에게 임대된 공간입니다. 그러나 상법상 임대인의 동의 없는 임차물 전대가 금지되어 있는 점, 금고 시설 자체의 소유권은 여전히 은행에 있는 점 등에 비추어 금고에 대한 1차적 점유 관리 권한은 임대인인 은행에게 있다고 볼 수 있습니다.

따라서 수사기관이 은행 사무실을 압수수색 장소로 특정하면서 만약 '대여금고 일체'에 대한 영장을 발부받았다면, 은행이 관리하는 대여금고 전체를 수색 대상으로 삼을 수 있다는 의미로 해석할 수 있습니다. 이때, 대여금고 내에 보관된 개별 임차인의 물품에 대해서는 절차적 보호장치가 필요합니다. 대여금고에 대한 압수수색 과정에서는 '은행의 점유 관리 권한'과 '개별 임차인의 소유권 및 프라이버시권 보호'라는 두 가지 법익이 균형 있게 고려되어야 하기 때문입니다. 따라서 임차인 본인 또는 변호사 등 대리인에게 참여 기회를 부여하고, 영장에 기재된 범죄사실과의 관련성, 제3자 물품 보호 필요성 등을 종합적으로 감안하여 수색을 진행하되, 무관한 물품에 대한 압수는 최대한 자제하는 것이 바람직합니다.

소유, 보관, 점유, 관리 주체가 복잡하게 얽혀 있기 때문에, 현실에서는 '○○○에 위치한 대여금고 일체'라는 식의 영장은 발부되지 않는 편입니다. 영장을 면밀히 살펴보고, 대여금고 중에서도 수많은 임차인 중 누구와 관계된 것인지, 그 기간의 범위는 어느 정도이고, 대여금고 안의 어떤 물건을 압수하고자 하는 것인지 등 압수수색이 가능한 범위가 어디까지인지 정확하게 확인해야 합니다.

35

휴양지에 왔는데, 갑자기 압수수색을 한다며
방을 뒤지겠다고 합니다.
내용을 들어보니 나와는 관계가 없습니다.
이럴 때는 어떻게 하나요?

　　압수수색영장에는 보통 '○○○ 리조트 객실 ○○호
등'이라고 장소가 기재됩니다. 수사기관은 리조트를 관
리하는 책임자를 찾은 후 그 사람에게 영장을 제시하고
압수수색을 진행합니다. 그런데 리조트에 손님으로 숙
박하는 사람은 리조트 직원이나 관계자가 아닙니다. 더
구나 압수수색영장에 적혀 있는 리조트 연관 범죄와는
관련성도 없습니다. 이런 상황에서 쉬고 있는 객실을 압
수수색한다고 하면 당황스러울 수밖에 없습니다.

　　수사기관도 이러한 사실을 잘 알고 있습니다. 그렇기

때문에 범죄와 관련된 압수물이 그 방에 존재한다고 인정될 만한 사정이 존재할 경우에 한해 압수수색을 하고, 그렇지 않다면 압수수색을 무리해서 하지는 않습니다.

물론 이 경우에도 숙박하는 사람이 자발적으로 승낙을 하면 객실을 수색하는 것은 가능합니다. 다만 숙박객이 승낙을 하더라도 수색을 통해 확인할 수 있는 물건은 원래 객실에 있는 책상 등 리조트의 관리 아래 있는 물건만 가능한 것으로 제한합니다. 숙박객의 소지품을 뒤져서는 안 되는 것이지요.

즉, 수사기관이 숙박객의 승낙을 받고 객실로 들어왔는데, 소지품을 수색한 뒤에 영장의 범죄사실과 무관한 개인의 물건을 갑자기 압수해 간다면, 이는 위법한 압수수색에 해당할 가능성이 높습니다.

이러한 이유로 압수수색 현장에서는 잘 보고 판단해야 하는 사항들이 많습니다. 영장이 있다고 어디든 수색할 수 있는 것도 아니고, 승낙했다고 해서 모든 곳을 뒤져도 된다는 의미는 아닙니다.

36

영장을 보니 수색할 물건에 '자동차'가 없던데
자동차 안을 뒤지겠다고 합니다.
이런 경우는 불법 아닌가요?

압수수색은 '강제'처분입니다. 당사자가 원하지 않아
도 국가가 '강제로' 뒤져서 가져갈 수 있는 것이지요. 그
렇게 때문에 판사들은 영장을 발부하며 많은 고민을 합
니다. 검사가 청구한 내용 그대로 그냥 도장을 '쾅쾅' 찍
어주지 않습니다.

우스갯소리로 영장전담판사들은 검사가 청구한 영
장을 빨간 펜을 들고 하나하나 본다는 얘기가 있습니다.
"음, 범죄사실이 이 정도 소명되었으니 여기까지는 압
수수색을 해도 되겠군", "음, 여기 적혀 있는 압수물은

범죄사실과 관련성이 좀 떨어지니 좍 그어야겠군". 그래서 검사들이 압수수색 현장에 들고 온 영장에 삭선(중간 줄)이 그어져 있는 경우가 종종 있습니다. 검사의 요청과 다르게 영장전담판사가 압수수색을 허가하지 않은 부분이지요.

이렇게 살 떨리는 과정을 거쳐 발부된 영장은 딱 그 자체로 집행을 해야 합니다. 더 해서도 안 되고 덜 해서도 안 되는 것이지요. 그런데 영장에 '자동차'라는 단어가 없는데 수사기관이 자동차를 수색하고 있다? 이는 자칫 위법한 압수수색이 될 수 있는 심각한 상황입니다.

흔히 압수수색은 '별것이 아니고 그냥 수사의 한 과정'이라고 생각하는 사람들이 많은데, 사건이 중요할수록 수사기관이 압수수색에 쏟는 노력은 상상을 초월합니다. 영장을 발부받기 위해 압수수색의 필요성 부분을 적는 내부 보고서는 수십 장에서 수백 장을 넘어가고, 몇 번씩 수정 과정을 거칩니다. 이렇게 압수수색영장을 발부받은 후에도 압수수색의 성공을 위해 사전에 현장을 몇 번씩 나가보고, 압수 대상자의 동선을 체크하고,

최적의 시간대를 확인하는 작업도 몇 번씩 거칩니다. 중요한 사건의 경우 돌발 상황에 따른 시나리오를 구상하여 예행연습을 하는 경우도 있습니다.

실제로 수사기관이 압수수색으로 확보한 단 1개의 증거가 사건의 실체를 밝히는 실마리가 되어 유죄 판단을 받은 예는 수없이 많습니다. 이렇게 수사기관은 압수수색에 사활을 걸고 있기 때문에, 압수수색이 들어오면 신중하고 꼼꼼하게 절차 등을 따져야 하는 것이지요.

다시 '자동차' 문제로 돌아오면, 영장을 집행하려고 하는 수사기관의 입장에서는 집의 차고나 주차장에 주차된 자동차 역시 압수수색이 가능하다고 주장할 수 있습니다. 압수수색을 당할 사람이 관리하고 있는 자동차이니 유연하게 해석하면 거주지와 유사하다고 볼 수 있는 것이지요. 그리고 실무에서는 이렇게 해석하여 압수수색 영장을 집행하는 경우도 있습니다.

그러나 이러한 해석은 위험할 수 있습니다. 수사를 받는 사람의 이익을 고려하여 영장을 엄격하게 해석하면 '자동차'가 포함된다고 보기는 어려울 수 있습니다.

사실 이러한 이유 때문에 영장을 청구할 때는 '주거지', '신체', '사무실', '자동차' '항공기', '선박' 등을 명확하게 적어야 합니다. 이런 내용이 영장에 없을 경우 현장에서 압수수색영장의 문구와 전후 맥락을 면밀히 분석하고, 합리적으로 대응하는 것이 매우 중요합니다.

37

압수수색영장에 '자동차'가 적혀 있습니다.
내일 출근해야 하는데
자동차를 가져가는 것인가요?

영장에 '자동차'가 적혀 있지만 아마 99%는 '수색할
장소, 신체, 물건' 부분에 '자동차'가 적혀 있을 것입니
다. 이는 '자동차'를 수색하여 범죄사실과 관련된 물건
을 확보한다는 의미입니다. 자동차의 여기저기를 뒤져
본 후 자동차에 있는 서류나 USB, 흉기, 블랙박스의 내
용 등의 것들을 확인한다는 것이지요.

이 때문에 자동차는 수색의 대상이 될 뿐 직접적으로
압수해 가지는 않습니다. 그런데 가끔 수색할 물건 부분
이 아니라 '압수할 물건' 부분에 자동차가 적혀 있는 경

우도 있습니다. 자동차가 범행의 도구로 사용되는 등의 이유로 자동차를 압수할 필요가 있기 때문이지요.

수사기관이 자동차 자체를 가져간다면, 자동차가 범행의 도구라는 점이 소명되어 자동차 자체가 수사에 필요한 경우에 해당할 것입니다. 예를 들어 버려진 자동차를 수리, 개조하여 기존 번호판을 떼고 운행하였다면 자동차관리법위반이 될 수 있는데 이 경우 자동차 자체가 범행의 도구라고 볼 수 있습니다.

38

집 바로 옆 도로변, 유료 주차장에 자동차를
주차해놓았습니다. 그런데 압수수색을 해야 하니
자동차를 가져오라고 합니다. 영장에 '자동차'가
적혀 있기는 하지만 꼭 가져와야 하나요?

영장에 자동차를 특정할 수 있는 문구인 "자동차(○○
○가○○○○)"가 적혀 있다면 자동차가 어디에 있는지 상
관없이 수색할 수 있습니다. 자동차가 어디에 주차되어
있을지 수사기관이 예상하기 어렵기 때문에 일부러 자
동차 번호 등 자동차를 특정할 수 있는 문구를 넣어놓은
것이기 때문입니다.

그런데 만약 자동차가 내가 관리하지 않는 장소, 예
를 들면 유료 주차장 등에 주차되어 있다면 어떻게 될
까요? 이 경우는 단순하게 '자동차(○○○가○○○○)'라고만

적혀 있는 영장으로는 수색이나 다른 강제처분이 어려울 수 있습니다. 영장은 자동차를 수색할 수 있는 권한을 부여한 것일 뿐, 다른 사람이 관리하는 장소에 들어가도 된다고 허가한 것은 아니기 때문입니다.

이런 경우에는 원칙상 "특정한 장소 '○○ 공영주차장'에 주차되어 있는 '자동차(○○○가○○○○)'"라고 명확하게 적혀 있어야 압수수색이 가능합니다. 장소가 표시되어 있어야 그 장소에 들어갈 수 있는 허가를 받은 것이기 때문입니다.

물론 통상의 경우 유료 주차장 등에 수색해야 할 자동차가 주차되어 있다면, 수사관이 주차장의 관리인에게 사정을 설명하고 자동차를 찾아볼 수는 있습니다. 관리가 까다로운 경우 수사 협조 공문을 그 즉시 받아 오는 경우도 있으니까요. 더욱이 유료 주차장은 대중의 출입이 자유로운 편이기 때문에 수사관들이 주차장에서 영장에 적힌 차량이 주차되어 있는지 찾아보는 것을 현실적으로 막기는 어렵습니다.

PART 5

압수할 물건

39

영장에 압수할 물건으로 수백 개가 적혀 있던데,
내가 이렇게 큰 죄를 저질렀나
덜컥 겁이 납니다.

수사기관은 영장에 적혀 있는 내용만 집행할 수 있습니다. 이 때문에 수사기관은 가능성이 있는 모든 상황을 가정해서 압수할 물건을 적어놓습니다. 압수수색 현장에서 영장에 적혀 있지 않아 압수를 못 하게 되는 상황을 방지하기 위해서입니다.

예를 들면 수사기관이 특정한 회의에서 발생한 상황에 대한 단서를 찾기 위해 압수수색을 한다고 가정해봅시다. 일단 압수 대상물로 그 회의와 관련되어 만들어진 문서 등 물건을 생각할 수 있습니다. 그런데 그 종류

만 해도 검토안, 기안, 결재안, 시안, 준비/기획/보고/지시/검토 등과 관련된 문서, 회의록 및 그와 관련된 준비 자료, 결과 자료, 확인 자료, 회의와 관련된 내부 이메일, 쪽지, 수첩, 달력, 도면, 사진, 특히 회의 참석자 명단, 회의 녹취록, 녹음파일 등 수없이 많습니다.

예전에는 '회의와 관련된 자료 일체' 정도로 영장을 청구하는 경우도 있었다고 하나, 요즘에는 상세하고 구체적으로 압수할 물건을 적어야 영장이 발부됩니다. 만약 수사기관이 청구한 영장에 대상이 모호하거나 포괄적으로 기재되어 있다면, 영장전담판사는 '압수수색 물건이나 장소는 좀 더 명확하게 특정하라'는 취지로 영장을 기각하기도 합니다(이를 포괄압수수색영장금지 원칙이라고도 합니다).

수사기관 입장에서는 한 번에 깔끔하게 압수수색을 끝내고 싶어 하므로, 압수의 대상이 될 수 있는 가능한 모든 물건을 자세하고 상세하게 영장에 적는 것입니다.

40

중요한 내용이 적혀 있는 서류를
압수한다고 하는데, 그 서류가 없으면
업무를 진행할 수 없습니다.
문서는 복사해서 가져가야 하는 것 아닌가요?

    문서의 원본을 직접 압수할 것인가, 사본으로 가지고
갈 것인가는 상황에 따라 다릅니다. 문서가 영장에 기재
된 범죄사실과 관련하여 몰수 대상인 경우에는 원본을
압수할 수 있습니다.

    그러나 몰수 대상이 아니라 관련성이 높은 증거물인
경우, 압수 대상자 또는 참여인의 확인을 거쳐 사본을
압수해 가는 것이 원칙입니다. 물론 예외적인 경우도 있
지요. 사본으로 만드는 것이 어렵거나 원본 자체를 압수
하는 것이 필요하면 수사기관은 원본을 압수할 수 있습

니다.

　다만 이 경우에도 서류의 생김새, 재질 등에 증거가 치가 있어 원본을 압수하는 것이 필요하다는 조건이 충족되어야 합니다. 만약 수사기관이 압수해 가려는 서류가 업무에 반드시 필요한 것이라면, 앞에서 언급한 여러 사항을 설명하면서 압수 대상이 아니라는 점을 설명해야 할 것입니다.

41

아무리 생각해도 압수대상이 아닌 물건이
영장에 적혀 있을 때는 어떻게 해야 하나요?

수사기관이 압수수색 과정에서 영장 범위 밖의 물건을 압수하여 문제가 되면, 증거로 사용하지도 못하는 것은 물론 압수를 해 온 검사나 수사관은 상당한 곤욕을 치르게 됩니다. 그래서 수사기관은 영장 범위 내에서 압수수색을 진행하려 합니다. 이 때문에 "이것은 압수 대상이 아닌 것 같으니 압수하면 안 됩니다"라는 문제를 제기하면 검사나 수사관은 압수 대상물이 영장 범위 내인지 꼼꼼하게 따져봅니다.

물론 수사기관이 판단하기에 영장 범위 내라고 판단

되면, 압수 대상자의 문제 제기에도 압수를 진행하겠지만, 현장에서는 애매한 상황이 종종 발생합니다. 어떻게 보면 압수 대상물이 맞는 것 같지만, 다른 편에서 보면 아닌 것 같기도 한 경우이지요.

이러한 상황에서 수사기관은 일단 책임자나 관리자와의 대화를 통해 압수 대상물 해당 여부를 결정하곤 합니다. 즉, 이때 검사와 수사관에게 압수 범위 밖이라고 설득한다면 서류를 압수 대상에서 제외할 수 있는 것입니다.

42

컴퓨터 안에 있는 정보를 확인한다며
온종일 모니터 앞에 앉아 있는데요.
도대체 무엇을 하는 것인지 궁금합니다.

컴퓨터 안에 있는 정보를 압수하기 위해서는 일단 컴퓨터 안에 어떠한 정보가 있는지 확인을 한 후 영장에 적혀 있는 범죄사실과 관련성이 있는 정보만을 문서로 출력하거나 수사기관이 가지고 있는 이동식 저장매체에 복사하여야 합니다.

그런데 요즘 컴퓨터는 용량이 매우 크고 정보가 많아서 그 안에 들어 있는 파일을 확인하는 과정만 해도 상당한 시간이 소요됩니다. 확인한 정보를 범죄사실과 맞추어 보는 과정, 그리고 이를 문서로 출력하는 과정 등은 사실 하루로 끝내기는 어렵습니다.

특히 수사기관은 컴퓨터에 존재하는 정보만을 수색하는 것이 아닙니다. 혹시 삭제된 파일이 있다면, 그 파일도 찾아서 복구한 후에 범죄사실과의 관련성을 별도로 확인해야 하기 때문에 더 많은 시간이 드는 것입니다. 만약 삭제한 파일의 일부만 복구될 경우에는 다른 방식을 통해 온전한 파일을 확보할 수 있는지 확인해야 하므로 더 많은 시간이 들 수 있습니다.

43

컴퓨터 안에 있는 정보를 확인하다가
갑자기 '하드카피', '이미징'*을 떠야겠다고 하는데,
이게 무슨 뜻인가요?

컴퓨터 안에 있는 정보를 압수하기 위해서는 범죄사실과 관련성이 있는 정보만을 한정하여, 수사기관이 가지고 있는 USB나 외장하드 등 이동식 저장매체에 복사하거나 출력이 가능한 경우 문서로 출력해서 압수합니다.

그런데 현장에서는 컴퓨터 안의 정보를 출력하거나

---

* 포렌식 과정에서의 '이미지 파일'이란 법률적으로 유효한 증거로 사용될 수 있도록 정보저장매체 등에 저장된 전자정보를 포렌식 도구를 사용하여 동일하게 복사하거나 그에 준하는 기술적 방법으로 생성한 파일을 의미합니다. 이때 '이미지'라고 하면 사진이나 그림 파일과 혼동될 수 있기 때문에, 통상적으로는 '이미징'이라는 표현을 많이 쓰고 있습니다. 이 책에서는 포렌식 도구를 사용해 동일하게 복사하는 것을 '이미징'이라 칭하겠습니다.

이동식 저장매체에 복사하기가 어려운 상황이 발생합니다. 이때 정보가 들어 있는 대용량 저장장치인 HDD나 SDD 등을 통째로 복제하는 것이 하드카피와 이미징이라고 보면 됩니다.

파일 복사와 하드카피, 이미징의 다른 점은, 복사는 단순히 HDD나 SDD에 있는 현존하는 정보를 복제하는 것이지만(통상 PC에 존재하는 파일이 복사됩니다), 하드카피와 이미징은 삭제된 파일이 있는 부분까지도 복제하는 등 원본과 똑같은 HDD나 SDD가 만들어지는 것이라고 이해하면 됩니다.

44

저는 집에서 컴퓨터로 일을 하는데,
하드디스크 드라이브를 가져간다고 합니다.
어떻게 해야 할까요?

압수수색영장에 PC의 HDD나 SDD 등 저장매체가
적혀 있는 경우 당연히 수사기관의 압수 대상이 됩니다.
그런데 무조건 HDD나 SDD를 가져갈 수 있는 것은 아
닙니다. 형사소송법은 HDD나 SDD의 압수수색과 관련
하여, 원칙적으로 범죄사실과 관련성이 있는 부분에 한
하여 내용을 출력하여 압수하거나 복제를 하여야 한다
고 규정하고 있습니다.

즉, 수사기관은 압수수색 대상자의 권리 침해를 최소
화하기 위하여 HDD나 SDD 등 정보저장매체 자체를

가져가서는 안 되고, 정보저장매체에 들어 있는 정보 중에 수사에 필요한 부분만 골라서 가져가야 한다는 것이지요. 이때도 문서로 출력하거나 필요한 부분을 복제하여 압수합니다.

다만 출력물로 가져가거나 복제가 어려운 경우에는 예외적으로 HDD나 SDD 자체를 가져갈 수 있습니다. 바로 이 부분에서 수사기관과 압수 대상자 사이에 이견이 발생합니다.

수사기관이 현장에서 아무리 신속하게 압수수색을 진행해도 하나씩 확인하다 보면 시간이 부족할 수밖에 없습니다. 예를 들어 컴퓨터에 들어 있는 정보의 범죄 관련성을 확인하기 위해서는 일단 하나씩 살펴봐야 합니다. 엄청난 시간이 소요될 수밖에 없는데, 영장을 집행할 수 있는 기간은 정해져 있으므로, 정보저장매체의 원본을 압수해 가는 것이 효율적입니다.

반면 압수 대상자의 경우, HDD나 SDD 자체를 압수당하는 경우 업무 등에 심각한 차질이 발생할 수 있으므로 당연히 내용을 출력하여 압수하거나 필요한 부분을 복사하여 주는 것을 선호합니다.

결국 수사기관과 압수 대상자는 HDD나 SDD 등 정보저장매체에 들어 있는 정보를 출력물로 가져가거나 복제가 어려운 상황인지 아닌지를 다퉈야 하는 것이지요. 이 경우에도 수사기관이 무조건 HDD나 SDD를 가져가는 경우는 많지 않습니다.

형사소송법

제106조(압수)

❸ 법원은 압수의 목적물이 컴퓨터용 디스크, 그 밖에 이와 비슷한 정보저장매체(이하 이 항에서 "정보저장매체등"이라 한다)인 경우에는 기억된 정보의 범위를 정하여 출력하거나 복제하여 제출받아야 한다. 다만, 범위를 정하여 출력 또는 복제하는 방법이 불가능하거나 압수의 목적을 달성하기에 현저히 곤란하다고 인정되는 때에는 정보저장매체등을 압수할 수 있다.

45

퇴직한 지 1년이 지났는데, 제가 회사에서
사용했던 컴퓨터와 이메일 계정 등을 저에게
알리지도 않고 수사기관이 압수수색했다는 연락이
왔습니다. 이거 심각한 불법 아닌가요?

퇴직한 지 1년이 지났다면, 자신이 예전에 쓰던 회사 이메일조차 기억하지 못하는 사람이 대부분일 것입니다. 이러한 상황에서 갑자기 예전에 사용하던 이메일이 압수수색 대상이 되었다는 것을 알게 되면 당황할 수밖에 없습니다.

압수수색은 보통 압수할 물건의 소유자에게 압수 사실 등을 알려주고 진행이 됩니다. 그러나 항상 소유자가 현장에 있을 수는 없기 때문에, 책임자나 관리자 등이 있으면 그들에게 알리고 압수수색이 진행됩니다. 위 예에서 이메일의 내용 등은 작성한 사람의 소유라고 볼 수도 있습니다. 그러나 이메일이 저장된 서버는 회사의 소유이고, 관리자가 소유와 관련된 업무를 대신하고 있기 때문에 압수 대상자를 서버 관리자로 봐야 합니다.

실제 있었던 사례를 하나 살펴보겠습니다.

법원행정처는 과거 행정처 PC를 사용한 사람들의 컴퓨터를 수사기관에 제출하였습니다. 그런데 법원행정처는 이 PC 사용자들의 동의를 받지 않았고, PC 사용자들은 법원행정처의 PC 제공 행위가 사용자의 동의를 받지 않아 위법하다고 주장하였습니다. 이에 대해 법원은 "인사이동 후 법원행정처장이 하드디스크를 관리하였기 때문에 보관자로서 제출할 수 있다"라는 취지로 판결을 내렸습니다. 즉, PC의 관리자는 예전 사용자가 아니라 현 법원행정처장이기 때문에 PC를 수사기관에 제출할 수 있다는 것이지요.

따라서 퇴직하였다면, PC나 이메일이 저장된 서버 등의 관리자는 회사가 되므로 이전 사용자에게 알리지 않고 압수수색을 진행할 수 있습니다. 대부분의 경우 퇴사를 하게 되면 업무용 이메일에 접근할 수 없는 시스템으로 설계되어 있는 이유도, 업무에 사용되는 이메일이나 PC의 관리 주체가 회사이기 때문이라고 볼 수 있습니다.

한편 수사기관은 퇴직자의 경우 압수수색에 실시간으로 참여하도록 집행 사실 등을 알릴 필요는 없습니다. 그러나 압수수색을 집행한 이후에는 집행 사실을 퇴직자에게 통지해야 합니다. 만약 퇴직자인데, 자신이 사용했던 이메일 등에 대한 압수수색 사실을 사후에 통지받지 못했다면 압수수색 절차에 하자가 있다고 볼 수 있습니다.

46

회사 명의로 가입된 휴대전화에
압수수색이 들어온다면
어떻게 해야 하나요?

상황에 따라 대응 방법이 조금 다를 수 있습니다. 본인이 회사 명의의 휴대전화를 사용하고 있다면 본인이 압수 대상자가 되기 때문에 영장을 제시받아야 합니다. 만약 사용하는 사람에게 영장을 제시하지 않고 휴대전화를 압수해 간다면 이는 위법한 압수수색이 될 수 있습니다.

만약 부서원들이 휴대전화를 공용으로 사용하고 있다면 휴대전화를 관리하는 사람이나 부서장, 또는 현재 사용하고 있는 사람이 압수 대상자가 됩니다. 특히 예전에 본인이 사용했던 휴대전화라 할지라도 현재 사용하고 있지 않다면, 압수의 대상자는 현재 휴대전화를 가지고 있거나 사용하고 있는 사람입니다. 즉, 자신이 예전에 사용하였으나 현재 사용하고 있지 않은 휴대전화의 경우, 수사기관의 영장 제시 의무는 없는 것이지요.

47

휴대전화를 압수당했는데,
비밀번호를 알려달라고 합니다.
꼭 알려줘야 하나요?

수사기관은 애플의 아이폰 등 휴대전화를 압수한 뒤 흔히 비밀번호나 잠금 해제를 요청합니다. 신속하게 수사하기 위해 필요한 일이기 때문이지요.

물론 포렌식 장치 등을 사용해 잠금장치를 해제할 수 있으나 시간이 오래 걸리고, 또 풀지 못하는 경우도 발생합니다.

상황이 이렇다 보니 수사기관은 "실체적 진실 발견에 협조해달라"며 비밀번호를 알려달라고 하는 것이고, 압수수색을 당하는 사람은 왠지 알려줘야 할 것 같은 '느낌적인 느낌'이 드는 것이지요.

원칙적으로 법원에서 발부한 영장을 살펴보면, 범죄 사실과 관련된 정보만을 압수하도록 돼 있습니다. 휴대 전화 비밀번호는 압수 대상자의 머릿속에 있는 별도의 정보를 의미하기 때문에 영장에 따른 압수 대상이 될 수는 없는 것이지요.

또 비밀번호를 강제로 알려주도록 강제하는 상황은 헌법상 기본권을 침해할 수도 있습니다. 쉽게 말하면 말하고 싶지 않은 것은 말하지 않을 자유가 있는데 이를 강제당하면 안 된다는 것이지요.

상황이 이렇다 보니 휴대전화 비밀번호를 공개해야 하는지를 놓고 다양한 의견이 제시되고 있습니다. 먼저 ① 영장 집행 범위를 확대하자는 의견은 영장에 비밀번호 공개 명령을 포함시키자는 방안이며, ② 중립적 기관이 비밀번호 공개 여부를 결정해 이를 시행하는 방안도 제시되고 있습니다. 좀 더 적극적인 방안으로 ③ 실체적 진실 발견을 위해 비밀번호 공개를 원칙으로 하고 대신 거부할 수 있는 권리를 인정하는 방안과 ④ 비밀번호 공개를 거부할 경우 처벌하는 방안까지 나오고 있습니다.

'비밀번호를 말하게 해서 진실을 찾아야 한다' VS '헌법상 권리 침해이므로 말할 필요 없다' 두 주장 모두 나름대로 논리를 갖추고 있습니다. 무엇이 옳은지는 각자 생각이 다를 수밖에 없습니다.

다시 '비밀번호를 알려줘야 하는가'에 대해 현행 법령에 따른 결론을 말씀드리면, '반드시 알려줄 필요는 없습니다'. 다만 이 경우 무죄추정원칙에도 불구하고 '범죄와 관련성이 있을 수 있겠다' 정도의 의심의 눈초리를 피하지는 못하겠지만요.

특히 일부 범죄사실과 관련성이 있는 정황증거가 있는 상태라면 의심의 눈초리는 더욱 짙어지겠지요. 수사기관도 사람이 움직이는 만큼 '휴대전화 비밀번호를 알려주고 거기에 더해 아무런 정황증거조차 없는 사람'과 '휴대전화 비밀번호를 알려주지 않았는데 일부 정황증거가 존재하는 사람' 중 누구를 더 열심히 쫓아다닐지는 뻔한 것입니다.

참고로 잠금장치 해제는 불가능한 것은 아닙니다. 'N

번방' 사건에서 조주빈은 휴대전화의 비밀번호를 실제와 다르게 알려줬으나 수사기관은 결국 잠금 해제에 성공했습니다.

통상적으로 애플 아이폰의 보안성이 뛰어나고 삼성 갤럭시나 다른 회사 제품은 비교적 보안성이 낮다고 알려져 있습니다. 구체적으로 언급하는 것은 어렵지만, 갤럭시의 보안성도 매우 좋습니다. 갤럭시의 보안을 뚫고 잠금을 해제하는 작업도 매우 어렵습니다.

사실 휴대전화의 저장장치에 접근하는 것은 수사기관이 압수수색 전 과정을 통틀어 가장 신경 쓰는 부분 중 하나입니다. 노련한 수사관들은 휴대전화의 저장장치에 대한 접근이 수사의 성패를 가른다는 점을 알고 있기 때문에 휴대전화 잠금을 풀기 위해 다양한 방식의 압수수색을 진행합니다. 내밀한 수사 기법을 공개적으로 설명하기는 어려우나 종종 깜짝 놀랄 방식의 수사 기법이 등장하여 감탄을 자아내기도 합니다.

48

압수수색 도중 수사관이 잠시 확인할 사항이 있다며
휴대전화 잠금장치를 열어달라고 합니다.
안 열어주면 곤란할 것 같은데,
열어줘야 하나요?

결론부터 말씀드리면 휴대전화의 잠금장치를 반드시 열어줘야 하는 것은 아닙니다. 아마 영장을 살펴보더라도 압수 대상자가 휴대전화 잠금장치를 풀어서 수사기관에 제공해야 한다는 내용은 없을 것입니다.

압수수색영장은 범죄사실과 관련된 물건이 있는 장소나 물건, 신체 등을 수색하고 압수하기 위해 발부받습니다. 범죄와 관련된 진술을 강제로 받아내는 것은 할 수 없습니다. 잠금장치를 열어달라는 요구는 압수 대상자에게 일종의 '진술'을 요구하는 것입니다. 잠금장치를

풀어 휴대전화에 담겨 있는 파일 등을 진술해달라는 요
구와 비슷하다고 볼 수 있지요.

49

택시기사인데, 수사관들이 자동차 블랙박스를
떼어 가려고 합니다.
블랙박스 없이 운전하는 일은 너무 위험한데,
어떻게 해야 하나요?

　　수사기관은 통상 압수수색 대상자의 불편을 최소화
하려고 합니다. 자칫 압수수색 과정에서 발생한 상황을
근거로 진정이나 준항고 등이 제기되면 골치가 아프기
때문입니다.

　　택시처럼 블랙박스가 필요한 경우가 아니더라도 불
편을 최소화하기 위해 블랙박스에 녹화된 내용을 그 자
리에서 재생하여 범죄사실과 관련성 있는 내용을 확인
한 후 사진이나 동영상을 촬영하기도 합니다.

　　다만 부득이하게 블랙박스 자체를 압수하는 경우도

있습니다. 범죄사실과 관련성이 높은 장면이 녹화되거나 탑승자들 간에 거짓말을 하기로 말을 맞춘 사실이 녹음되어 블랙박스 자체에 대해 분석이 필요한 경우일 수 있습니다. 또는 블랙박스의 영상을 재생해보았더니 압수수색 직전에 SD 카드를 포맷해버려서 아무런 영상이 확보되지 않을 때, 포렌식 장비로 복구가 가능한지 확인하기 위해 가지고 가는 경우도 있습니다. 즉, 압수수색영장으로 블랙박스 자체를 압수당했다면 수사기관이 추가적인 수사나 분석 필요성이 있기에 압수했다고 생각하면 됩니다.

한편 내가 폭행을 당한 상황이 제3자 차량의 블랙박스에 녹화된 경우 반드시 압수수색영장이 필요할까요? 당연히 영장이 필요합니다. 다만, 가해자가 폭행을 한 현행범으로 체포가 되었거나 사고가 발생한 직후 시점이라면 일단 압수를 한 후 사후 영장을 발부받는 방법도 있습니다. 물론 제3자를 설득하여 블랙박스에 녹화된 영상을 임의제출받는 방법도 있습니다.

50

카카오톡 서버를 압수수색할 때
저에게 따로 통보하지 않았습니다.
이거 적법한 것인가요?

수사과정에서 사건 발생 직후 카카오톡 대화 내용이
나 카카오톡 송수신 내역 등 본사 서버에 저장된 전자정
보를 확보해야 하는 경우가 있습니다. 법원은 급속을 요
하는 경우를 제외하고는 압수수색영장을 집행할 때 대
상자나 변호인에게 미리 알리고 참여할 수 있도록 보장
해야 한다는 입장입니다.

특히 전자정보 압수수색의 경우 자료 선별 및 추출
과정에서 압수수색 대상자가 참여할 권리를 보장해야
한다고 지적했습니다. 이는 디지털 자료가 방대하고 개

인의 프라이버시와 직결된 정보를 포함할 가능성이 크기 때문입니다. 만약 일정과 시간을 사전에 통지하지 않고 전자정보를 압수하여, 피의자가 자신이 압수되는 자료가 무엇인지 모르고 참여할 권리도 행사할 수 없다면, 문제가 될 수 있습니다.

정보 주체인 당사자가 선별 및 추출 과정에 참여하지 못할 경우, 영장에 기재된 범죄사실과 관련성이 없는 대화 내용이나 송수신 내역까지 광범위하게 확보되기도 합니다. 범죄사실과 관련 있는 전자정보에 한하여 압수수색이 가능하도록 영장이 발부되었는데, 관련성이 없거나 현저하게 떨어지는 개인정보까지 무분별하게 수집하였다면 적법한 범위를 넘어서는 것입니다.

51

휴대전화 압수수색영장으로
클라우드 저장 정보를 확보할 수 있나요?

수사기관이 압수수색 당사자의 동의를 얻어 휴대전화를 검색하던 도중 범죄와 연관성이 높아 보이는 자료를 발견하였습니다. 그러나 자료를 일부만 확인할 수 있어 별도의 압수수색영장을 발부받아 휴대전화를 압수했고, 그 휴대전화에서 로그인 상태였던 클라우드 계정의 자료를 다운로드받았습니다.

위와 같은 과정을 거쳐 확보한 증거가 효력이 있는지를 두고 논란이 벌어졌습니다. 법원은 클라우드 계정에서 찾아낸 자료가 위법수집증거에 해당해 증거능력이 없다는 입장을 취했습니다.

　법원은 "압수수색영장에 적힌 '수색할 장소'의 컴퓨터 등 정보처리장치에 저장된 전자정보 외에 원격지 서버에 저장된 전자정보를 압수수색하기 위해서는 영장에 적힌 '압수할 물건'에 별도로 원격지 서버 저장 전자정보가 특정돼 있어야 한다"며 "'압수할 물건'에 컴퓨터 등 정보처리장치 저장 전자정보만 기재되어 있다면 컴퓨터 등 정보처리장치를 이용해 원격지 서버 저장 전자정보를 압수할 수는 없다"고 밝혔습니다.

　휴대전화에 대한 영장으로, 그에 연동된 클라우드 서버의 자료까지 압수수색할 수 있는 것은 아니라는 것이지요.

52

압수수색이 진행되었는데,
영장에 여러 가지로 해석할 수 있는 내용이
들어 있어요. 효력이 있나요?

　얼마 전 압수수색영장의 기재 내용이 불명확하거나
여러 해석이 가능할 경우, 이를 수사기관에 불리하게 해
석해야 한다는 법원의 판결이 나왔습니다.

　A씨가 해외 페이퍼컴퍼니를 통해 외화를 빼돌리고,
이를 세탁하여 개인적으로 사용했다는 혐의로 기소가
되면서 사건이 시작됐습니다. 수사기관은 A씨의 회사
및 관련 인물들의 계좌와 문서를 포함한 자료에 대한 압
수수색영장을 청구했습니다. 당시 영장에는 "회계 자료
및 입출금 거래 내역, 통장(피의자 및 회사, 직원 및 가족 명의

포함)"이라는 문구가 적혀 있었습니다. 그런데 압수수색이 종료된 후 영장에 적혀 있는 '직원 및 가족'이라는 표현이 도대체 누구까지 포함하는지를 두고 논란이 발생했습니다.

1심 법원은 압수 대상에 A씨의 가족뿐 아니라 A씨의 회사 직원인 B씨의 가족도 포함된다고 판단하였습니다. 즉, '피의자 및 회사, 직원 및 가족'에 대해 피의자의 가족과 직원의 가족이라고 해석한 것이지요.

그러나 항소심 재판부는 1심 법원과 다르게 해석하였습니다. 항소심 재판부는 '가족'이란 표현을 피의자 A씨의 가족으로 제한하고, B씨의 가족은 포함되지 않는다고 보았습니다. 즉, B씨의 가족과 관련된 압수는 영장 범위를 넘어서는 불법적인 압수에 해당한다고 보고 관련 압수물에 대해 증거로 사용할 수 없다고 판시한 것입니다.

서울고등법원 재판부는 위와 같이 판결을 변경한 이유에 대해, "압수수색영장은 특정성, 명확성 그리고 단일한 해석이 가능하도록 해야 하며, 수사기관이 자의적으로 해석할 수 있는 여지를 주어서는 안 된다"고 설명했습니다. 법을 잘 모르는 압수 대상자도 그 의미를 알 수 있게끔 명확해야 한다는 것이지요.

형사소송법도 영장에 피의자, 범죄혐의, 압수 대상, 수색 장소 등을 명확히 기재하도록 하고 있어, 영장에 모호한 표현이 포함될 경우 압수 대상자에게는 유리하게 해석하고 수사기관에 불리하게 해석해야 한다는 취지로 보입니다.

그렇다고 압수수색영장에 있는 포괄적으로 보이는 내용이 모두 잘못되었다는 것은 아닙니다. 법원도 지나치게 포괄적이거나 모호한 표현이 아니라면 허용하고 있습니다. 어떤 표현이 개괄적이고 어떤 표현이 포괄적이고 모호한지는 사실 판단하기가 까다롭습니다.

포괄적인 표현의 예를 든다면 "혐의와 관련된 모든 문서 및 물건" 또는 "…를 포함한 자료 일체" 등과 같이 구체적인 한정이 없는 표현을 들 수 있습니다. 이러한 표현은 특정성을 갖추지 못했다고 평가될 여지가 있습니다.

53

압수수색을 하면서
위법하게 증거를 수집하는 경우가 많나요?

　압수수색영장에는 수사기관이 법원으로부터 강제로 범죄사실과 관련된 물건을 압수하겠다는 허가를 받은 내용이 들어 있습니다. 수사기관은 엄청난 노력을 쏟아 압수수색영장을 발부받고 집행합니다.

　그렇게 고생해서 영장을 받고 집행하기 때문에, 수사기관은 집행함에 있어 조심할 수밖에 없습니다. 압수수색영장에 적시된 압수할 물건이나 장소가 정확한지 확인을 하기 때문에 범위 밖의 물건을 수색하여 압수하는 경우가 많지는 않습니다. 특히 압수수색 과정에서 문제가 생기면 단순하게 징계를 받는 것을 넘어서서 형사처벌을 받거나 옷을 벗어야 하는 경우도 생기므로, 수사기관은 최대한 조심할 수밖에 없는 것이지요.

그러나 사람이 하는 일이 항상 완벽할 수 없습니다. 영장에 기재된 내용을 잘못 해석하여 영장 범위 밖의 물건을 압수하는 일도 발생하곤 합니다. 고의적으로 위법한 방식을 통해 압수를 하는 수사기관은 거의 없다고 볼 수 있으나, 의도하지 않게 또는 '이 정도면 문제 되지 않겠지' 하는 마음으로 절차를 진행하다 위법한 압수수색을 하는 경우가 있습니다.

이 경우 압수수색에 대한 이의제기를 하는 것이 좋습니다. 수사기관 또한 위법한 압수수색을 진행하였다는 오명을 쓰는 것을 원하지 않기 때문에, 압수수색이 위법하다는 판단을 하게 되면 대부분은 압수수색을 중단할 것입니다.

"압수물을 선별하여 증거를 추출할 때에는
참여권 보장이 필요한가요?"

미신고 집회·시위에 참가한 혐의로 A씨가 기소된 사건에서, 수사기관은 A씨의 카카오톡 대화 내용을 확보하기 위해 카카오톡 서버를 압수수색했습니다. 그런데 수사기관은 압수수색 당시 당사자에게 영장 집행을 통지하지 않았고, 참여 기회도 제공하지 않았습니다. 더구나 수사기관은 영장 원본을 제시하지 않은 채 혐의 관련성 여부와 관계없이 대화 내용 전체를 압수했고, 압수한 정보의 목록조차 교부하지 않았습니다.

이에 대해 법원은 디지털 증거 압수수색은 '서버 동결 단계'와 '증거 추출 단계' 등 2단계가 있는데, 2단계인 '증거 추출 단계'는 저장된 정보에서 범죄혐의와 관련된 부분을 추출하는 단계이므로 반드시 당사자의 참여권이 보장되어야 한다고 판시했습니다(다만 1단계인 서버 동결 단계는 급습을 요하기 때문에 당사자의 참여권을 보장할 필요는 없다는 것이지요).

이는 수사기관의 신속하고 효율적인 증거수집 필요성
은 인정하되, 무분별한 사생활 침해를 막기 위해 증거 선
별 과정에서는 엄격한 절차적 통제가 필요하다는 의미
로 해석됩니다.

PART 6

현장 압수수색의 종료

54

드라마를 보면 압수수색이 끝난 후에
집 안이 엉망이 되던데, 그럼 불법 아닌가요?

드라마를 보면 압수수색이 끝난 후 집 안이 엉망이
되어 압수수색을 당한 사람들이 망연자실하게 앉아서
울먹이는 장면이 종종 나옵니다. 실제로는 거의 일어나
기 어려운 드라마 속의 상황입니다.

압수수색은 강제처분이지만 그 범위는 범죄사실과
관련성 있는 물건 등에 대한 수색과 압수입니다. 압수수
색을 하면서 집 안을 어지럽혀도 된다는 것은 영장 어디
에도 나와 있지 않습니다.

영장에 의해 압수수색을 하더라도 인권침해를 최소

화하도록 노력하는 것은 당연한 일입니다. 좀도둑이 온 집 안을 쑥대밭으로 만들고 간 것처럼 압수수색 현장을 엉망으로 만드는 수사관은 없을 뿐만 아니라, 불가피하게 어지럽혔다면 최대한 정리하여 마무리하려고 신경을 쓸 것입니다. 만약 그런 검사나 수사관이 있다면 사진을 찍어 수사기관에 문제를 제기해도 됩니다. 하지만 옷가지를 다 끄집어내고 그냥 내버려두고 가는 사람은 없을 것이니 너무 걱정하지 않으셔도 됩니다.

55

압수수색이 끝났는데,
서류에 서명을 하라고 합니다.
꼭 해야 하나요?

수사기관은 압수수색이 종료되면, 수색증명서 또는
압수목록을 줍니다.

만약 압수할 물건이 없는 경우에는 그러한 취지가 적
힌 증명서를 주어야 합니다. 실무에서는 '없음증명서'라
고도 합니다. 압수수색이 끝났는데, 압수한 물건이 없다
는 내용의 증명서를 왜 받아야 하는지 의문이 들 수도
있습니다. 그러나 이 증명서는 "특정한 내용으로 이미
수색을 당했으니 동일한 내용의 영장으로는 또다시 뒤
지러 오지 마세요"라는 취지로 사용할 수 있습니다. 이

증명서는 무조건 주게 되어 있어, 만약 받지 못했다면 절차상 중대한 하자가 있다고 볼 수 있습니다.

수색 후 압수물이 있는 경우에는 압수목록을 작성하여 소유자, 소지자, 보관자 등에게 주어야 합니다. 압수목록도 매우 중요합니다. 압수수색은 정신없는 상황에서 진행되기 때문에 어떠한 물건이 압수되었고, 그 물건이 범죄사실과 관련성이 있는지를 즉각 파악하기가 어렵습니다. 정확하고 자신에게 불리하지 않게 압수수색이 진행되었는지를 마지막으로 확인하는 절차가 압수목록 교부 절차입니다.

압수목록을 받으면, 목록에 압수한 물건의 명칭, 품종, 수량, 종류 등 세부적인 사항이 정확하게 적혀 있는지를 꼼꼼하게 살펴야 합니다. 압수목록에 대한 확인은 추후 압수수색의 효력을 다투거나 집행처분의 취소를 구하는 준항고 및 압수물에 대한 환부, 가환부 등 여러 방식의 권리행사에 있어서 중요한 사항 중 하나입니다.

56

이메일 계정에 대한 압수수색이 진행되었는데,
이메일을 제공한 회사에는 압수목록을 주고
저에게는 주지 않았습니다.
잘못된 것 아닌가요?

　A씨는 사업상 이메일로 다른 사람들과 소통을 하고 있습니다. 그런데 어느 날 갑자기 자신이 피의자가 되었으니 수사기관에 출석해서 조사를 받으라는 전화를 받았습니다. 아무리 생각해도 범죄를 저지른 적이 없다는 생각에 수사기관에 출석하였는데, 조사 내용을 보니 자신이 사업 파트너들과 주고받은 이메일이 근거가 된 것 같았습니다. A씨는 자료를 어떻게 확보했는지를 물었고, 수사기관은 적법한 압수수색을 받아서 A씨의 이메일을 압수했고, 이메일 서비스 회사에 압수목록도 교부

하였다고 밝혔습니다. A씨는 이메일 서버를 관리하고, 이메일을 보관하는 회사 외에 자신도 압수목록을 받아야 하는 것은 아닌지 의문이 들었습니다.

원칙적으로, 수사기관이 압수물을 압수한 경우 압수목록을 작성하여 소유자, 소지자, 보관자 기타 이에 준하는 자에게 교부하여야 합니다. 즉, 압수처분을 당한자, 다시 말해 피압수자에게 압수목록을 교부해야 하는 것이지요. 그런데 네이버나 다음 등의 포털이 제공하는 이메일의 경우 포털이 서버를 관리하고 이메일을 보관합니다. 그렇기 때문에 포털이 관리, 보관하는 피의자 작성의 이메일에 대해 수사기관이 압수수색하는 경우, 누구에게 압수목록을 교부하여야 하는지가 논란이 되었습니다.

이와 관련, 법원은 포털이 이메일을 관리, 보관하기 때문에 포털의 관리자에게 압수목록을 교부하면 된다는 입장이었습니다. 그러나 대법원은 2022. 5. 31. 이러한 입장을 변경하였습니다. 즉, 포털이 이메일을 관리, 보관하는 것은 맞지만 이메일을 작성한 사람이 실질적으로 압수수색의 대상자가 되므로, 이러한 피압수자에게 압수수색 시 참여권을 보장하지 않거나 전자정보 목록을 교부하지 않을 경우 법에 어긋난다는 것이지요.

57

압수수색 후 압수목록을 받았는데,
사무실 동료가 임의제출한 것까지
목록에 들어가 있습니다.
잘못된 것 아닌가요?

　수사기관은 압수수색을 종료한 후 압수수색과 관련된 압수목록을 교부합니다. 이러한 압수목록을 작성할 때에는 압수 방법과 관련하여 장소, 대상자별로 명확히 구분하여 압수물의 종류, 수량, 특징 등을 구체적이고 정확하게 특정하여 기재하는 것이 보통입니다.

　압수처분을 당한 사람이 추후 압수물에 대한 환부 등을 요청할 때 목록을 기본적으로 참조하기 때문에, 수사기관 입장에서도 정확하게 적어주는 것이 분쟁을 피할 수 있기 때문입니다.

만약 압수목록 교부서에 압수 방법과 관련된 장소나 대상자를 구분하지 않고 적혀 있거나 압수물 중 일부만 기재, 또는 제3자로부터 임의제출받은 것이 압수목록에 포함되어 있으면 어떨까요.

법원은 위와 같은 압수목록은 형식적인 부실, 내용상 오류, 포괄적인 기재 방식의 문제점이 있을 수 있다고 보고 있습니다. 압수수색이 적법하게 집행되었다는 점을 보여주지 못한 목록이라고 볼 수 있는 것입니다.

PART 7

디지털 증거 및 선별 절차

58

압수수색 중에 '디지털 포렌식'이 필요하다며
휴대전화를 가져간다고 합니다.
도대체 무슨 뜻인가요?
이런 경우에 휴대전화를 무조건 줘야 하나요?

디지털 포렌식은 간단하게 얘기해서 휴대전화에 걸려 있는 암호를 해제하거나 휴대전화 안에 있는 데이터, 특히 삭제된 데이터를 복원하여 분석하는 것을 의미합니다. 휴대전화를 포렌식하면 삭제된 정보가 복원되는 정도를 넘어 사용자가 어느 시점에서 어떠한 패턴으로 디지털 정보를 삭제하였는지도 확인할 수 있는데, 이를 범죄 정보와 시점, 다른 공범들과의 통화, 연락, 행동 패턴 등을 종합적으로 분석하면 의미가 있는 범죄 정황이 발견될 수도 있습니다.

포렌식 작업은 생각보다 다양합니다. 컴퓨터 하드디스크나 휴대전화 저장장치, USB 등에서는 삭제된 정보 등을 복원할 수 있고, 특히 휴대전화의 경우 휴대전화 안에 기록된 위치 등을 분석하여 사용자가 어디에서 어디로 이동하였는지 등을 파악할 수도 있습니다. 검색한 내용이나 키워드 등을 확보하여 범죄와의 연관성을 확인할 수도 있지요.

그러나 디지털 포렌식 작업은 생각만큼 쉽지 않습니다. 우리가 사진을 찍거나 메시지 등을 저장할 때, 사진 파일 등은 휴대전화에 1개의 파일로 저장되지 않습니다. 조각난 정보가 휴대전화 여러 곳에 분산되어 저장됩니다. 이 때문에 삭제된 파일을 복원한다는 것은, 휴대전화 여러 곳에 분산되어 있는 조각난 파일들을 현재 휴대전화에 남아 있는 정보를 참조하거나 합쳐서 재구성한 형태로 만드는 것입니다.

결국 복원된 파일은 원래의 파일이 그대로 나오는 것이 아니므로, 파일의 진위를 밝히기 위해서는 각 데이터가 저장된 영역들을 개별적으로 확인하여 증명하는 복잡한 절차를 거치게 됩니다. 휴대전화 저장장치의 크기가 클수록 디지털 포렌식에 걸리는 시간은 늘어나는 것입니다.

"압수수색이 들어오면
휴대전화를 버려도 되나요?"

압수수색은 은밀하고 신속하게 증거를 수집하기 위한 절차입니다. 이 때문에 수사기관은 조용하게 압수수색에 착수합니다. 그러나 비상계엄 사건처럼 갑자기 큰 사건이 터지면 수사기관이 은밀하게 압수수색을 하기는 어렵습니다. 압수수색영장을 청구하여 발부받는 시간이 최소한 2~3일은 걸립니다. 이러한 상황에서 범죄 관련자들은 증거를 없애거나 다른 자료로 바꿔치기를 하고 싶어 합니다.

이 경우 당연히 증거인멸죄가 문제 될 수 있습니다. 증거인멸죄가 인정되면 최대 5년 동안 교도소에 가야 합니다. 다만 형법은 '타인의' 형사사건, 즉 내가 아닌 다른 사람의 형사사건에 대한 증거에 손을 대는 경우를 범죄로 규정하고 있습니다. 그렇기 때문에 자신에게 불리한 증거를 스스로 없애는 경우는 처벌되지 않습니다.

그러나 증거를 인멸하는 행위는 구속의 사유가 될 수 있습니다. 형사소송법 제70조 '구속 사유'에는 ① 피고인이 일정한 주거가 없는 때 ② 피고인이 증거를 인멸할 염려가 있는 때 ③ 피고인이 도망하거나 도망할 염려가 있는 때를 주요한 사유로 적고 있습니다.

이 때문에 범죄 증거가 들어 있는 휴대전화를 버리면 증거인멸 사유로 인하여 구속이 될 수 있는 것입니다. 통상적으로 수사과정에서 중대한 증거인멸 정황이 드러나거나 반복적으로 증거인멸이 의심되면, 구속영장이 발부되곤 합니다. 증거인멸은 약(藥)보다 독(毒)이 될 수 있는 것이지요.

59

디지털 포렌식에 참관해야 할까요?
선별은 또 무엇인가요?

범죄사실 전체를 그대로 인정하는 경우가 아니고, 일부라도 다투어야 할 경우라면 최소한 선별 과정에는 반드시 참여하는 것이 좋습니다.

포렌식은 현장에서 압수해 온 휴대전화 등 전자 매체가 제대로 봉인(누군가 열어보거나 정보를 삭제, 조작하는 것을 방지하기 위해 밀봉하는 것을 의미합니다)되어 있는지를 확인한 후, 봉인지를 뜯고 압수물 안의 파일을 포렌식 기계 등을 통하여 추출하는 것이라고 볼 수 있습니다. 이후 범죄사실과의 연관성을 따져 필요한 파일이나 정보를

선별한 후 압수한 전자정보 등의 목록을 교부하는 과정
이 이어집니다.

먼저 밀봉에 대한 확인 과정 등은 압수물을 가져간 수
사기관이 혹시 봉인지를 몰래 뜯고 압수물을 포렌식하
는 등 위법 행위를 했는지 확인하는 과정입니다. 휴대전
화를 강제로 빼앗아 갔을 때 그대로, 누구의 손도 타지
않은 상태인지 확인하는 것이지요. 압수 현장에서 밀봉
을 하고 그 위에 봉인지를 붙여 서명을 하기 때문에 자
신의 서명이 기재된 봉인지가 제대로 붙어 있는지 정도
를 확인하면 됩니다. 봉인지를 몰래 뜯는 수사기관 종사
자는 거의 없을 것이므로 확인 정도로 넘어가면 됩니다.

휴대전화 원본을 압수당했다면, 휴대전화와 수사기
관이 가지고 있는 포렌식 장비를 연결하여 휴대전화의
저장장치 전체를 이미징하여 전체 파일을 추출하는 작
업이 진행됩니다. 이 과정은 상당한 시간이 소요됩니다.
다만 이 과정 자체가 녹화되기 때문에 크게 신경을 쓸
필요는 없습니다.

반드시 참여해야 할 과정은 추출된 디지털 정보에 대

한 선별 과정입니다. 휴대전화의 저장용량은 128기가, 512기가 등이므로 포렌식을 하게 되면 엄청난 양의 정보가 생성됩니다. 추출된 정보는 문서, 사진, 동영상, 메시지 등의 카테고리에 저장됩니다. 이 정보가 영장 기재 범죄혐의와 관련성이 있는지를 따지는 작업이 '선별' 즉, '골라내기'입니다. 이 부분에서 수사기관과 갈등이 발생할 수 있습니다.

수사기관은 최대한 많은 양의 정보를 확보하려 하고 압수 대상자는 그 범위를 줄이려고 합니다. 범죄혐의와의 관련성이 있는지 없는지, 영장에 적힌 기간과 장소를 벗어나지는 않는지 등 영장에 적힌 모든 사항을 생각하면서 하나씩 꼼꼼하게 정보를 선별해야 합니다.

특히 영장 범위를 벗어난 압수는 당연히 위법하게 수집된 증거에 해당하고 수사기관도 이를 잘 알고 있습니다. 그런데 어떠한 증거가 영장 범위에 아슬아슬하게 걸쳐 있는 경우가 있습니다. 수사기관 입장에서는 압수하고는 싶은데, 문제 제기가 들어오면 골치가 아파질 수 있습니다.

이 경우 수사기관은 임의제출 형식을 통해 정보를 얻으려고 할 수도 있으니, 이 부분에 대한 정확한 대응도 중요합니다. 수사기관은 자연스럽게 임의제출을 요구할 것이나, 영장에 기재된 범죄사실 등을 명확하게 확인하면서 제출 여부를 신중하게 판단해야 합니다.

임의제출 관련 부분은 매년 새로운 판례가 나오는 분야입니다. 보통 수사기관에 불리한 판례가 나옵니다. 예를 들면, 최근에 불법 촬영을 당한 피해자가 가해자의 휴대전화를 수사기관에 임의제출한 사건이 있었습니다. 수사기관은 임의제출된 가해자의 휴대전화를 포렌식하여 별개 범죄와 관련된 사실을 확인, 기소하였습니다. 그런데 법원은 위 포렌식 과정을 통해 확보한 증거가 위법하다고 판단하였습니다. 법원은 "피해자 등 제3자가 휴대전화를 임의제출하는 경우 그 경위가 적법하더라도, 임의제출의 동기가 된 혐의와 구체적 개별적 연관관계가 있는 정보에 한해서 압수의 대상이 되는 것으로 해석해야 한다"며 "이러한 범위를 넘어서 수집된 전자정보는 위법수집 증거에 해당한다"고 판단하였습니다.

즉, 법원은 설령 휴대전화가 임의제출되었다고 해도, 임의제출에 따른 휴대전화 내부의 정보는 당초 범죄혐의와 연관성이 있는 부분에 한하여 압수할 수 있다고 판단한 것이지요.

60

포렌식 할 때 사건과 관련성이 있는 정보만
선별해야 한다고 하는데,
구체적으로 어떤 정보가 관련성이 있는 것인가요?

　수사기관은 증거를 발견하기 위해 압수수색을 하지
만, 그 과정에서 법령에 적혀 있는 여러 규정과 절차를
지켜야 합니다. 특히 수색을 통해 확인한 증거를 실제
압수하기 위해서는 무엇보다 범죄와 '관련성'이 있는지
판단해야 합니다. '관련성'에 대한 법원의 판단은 엄격
해서, 수사기관이 압수한 증거물이 아무리 중요한 증거
라고 해도, 영장에 적혀 있는 범죄사실과 관련성이 없으
면 증거로 받아주지 않습니다.

　즉, 압수수색은 해당 사건과 관계가 있다고 인정되는

것에 한하여 할 수 있는 것이지요. 영장에 적혀 있는 사실을 기초로, 당사자나 공범 등의 범죄혐의 및 내용과 기본적인 사실관계가 동일하거나 유사하다면 관련성이 있다고 볼 수 있습니다. 또한 범죄사실과 직접적으로 연관되어 있지 않아도, 범죄 행위의 배경이나 동기, 목적 등을 확인할 수 있는 정보와 압수 정보의 정확성과 관련된 정보까지도 압수수색 대상에 포함되는 경우가 있습니다.

예를 들면 폭행 사건에서 폭행의 도구는 직접적으로 관련성이 있다고 볼 수 있습니다. 폭행을 사전에 모의한 정황이 있는 문자 메시지도 관련성이 있다고 볼 수 있습니다. 그러나 폭행 장소인 술집에서 가해자과 관련이 있을 것으로 보이는 메모지나 장부 등은 관련성이 있는지 애매한 부분이 있습니다. 이 경우 수사기관과 압수수색 대상자 간 마찰이 발생할 수 있습니다. 수사기관은 폭행 사실과 관련성이 있다며 장부 등을 압수하려 할 것이고, 압수수색 대상자는 관련성이 없다는 점을 들어 이의를 제기하게 되는 것이지요.

61

삭제한 파일이나 카카오톡 메시지는
모두 복구되나요?

컴퓨터나 휴대전화 등 디지털 기기는 모든 정보를 0과 1의 형태로 저장을 합니다. 우리는 특정한 내용을 문자를 사용하여 적지만 컴퓨터 등은 이를 0과 1을 나열한 형태로 기록하는 것이지요. 이렇게 기록된 정보는 사용자가 삭제를 한다고 해도 곧바로 없어지는 것은 아닙니다.

카카오톡 메시지를 예로 들어 설명하면, 메시지는 먼저 ① 메시지가 어떠한 것인지를 나타내는 정보, ② 실제 메시지 내용으로 구분될 수 있습니다. 메시지 정보는 메시지의 제목이나 시간 등 다른 메시지와 구별되는 특징적인 정보라고 할 수 있고, 메시지 내용은 말 그대로 내용입니다.

메시지를 받으면, '정보 : 문자 1' + '내용 : 10101010 101010' 등 2가지로 구분되어 저장됩니다. 이렇게 저장이 된 후 메시지 삭제 버튼을 누르게 되면 정보와 내용이 모두 삭제되는 것이 아니라 일단 '정보' 부분이 삭제됩니다. 실제 '내용'인 '10101010101010'은 휴대전화 저장장치에 남아 있는 것입니다.

즉, 삭제 버튼을 누르면 '정보'가 삭제되고 '내용'은 남아 있는 상태가 되는데, 이때 휴대전화에서 '내용'을 검색해도 '내용'에 대한 '정보'가 삭제된 상태이므로 확인이 어렵습니다.

예를 들면 '내용'은 남아 있지만, 그 내용을 찾아가는 '주소'가 사라진 상황이므로 검색이나 확인이 어려운 것입니다. 그런데 디지털 포렌식을 하게 되면, '내용'은 남아 있기 때문에 이 부분이 복원되는 것입니다.

그렇다면, 삭제해도 항상 '내용'이 복원되는 것일까요? '내용'이 남아 있더라도 다른 '내용'이 저장된다면,

결국 기존 '내용' 위에 다른 내용이 덧씌워집니다. 이 경우 기존 '내용'은 완전하게 지워지므로 디지털 포렌식으로도 추출이 어렵습니다.

결론적으로 휴대전화에서 삭제 버튼을 눌렀다고 파일이나 카카오톡 메시지가 사라지는 것이 아니라 다른 내용이 덧씌워지기 전까지는 휴대전화에 그대로 남아 있고, 이 부분을 다시 살리는 것이 포렌식을 통한 복구(복원) 절차입니다. 범죄와 관련된 내용을 삭제하였어도 완전하게 덧씌워지지 않은 상황이라면 포렌식 과정에서 복구가 될 수도 있는 것입니다.

휴대전화의 삭제된 파일이나 메시지가 100% 완벽하게 복원된다고 말하기는 어렵습니다. 디지털 포렌식도 한계가 있는 법이지요.

62

갤럭시는 아이폰에 비해
쉽게 뚫리나요?

아이폰과 갤럭시 간의 보안성이나 암호화 강도를 직접 비교하는 것은 쉽지 않습니다. 아이폰과 갤럭시의 보안 메커니즘 및 구현 방식이 매우 다르기 때문입니다. 비교할 수 있는 기준이 있더라도 서로 다른 환경에서 작동하기 때문에 누가 더 잘하는지 줄을 세워 비교하기 어렵습니다.

예를 들면 2000년 전 지중해에서는 로마제국이, 동아시아에서는 한나라가 지역 패자였습니다. 그러나 로마제국과 한나라가 전쟁을 했을 때 누가 이길 것인지 확실하게 말하기 어렵습니다. 비교 가능한 조건을 설정하는 것조차 쉽지 않기 때문입니다.

아이폰과 갤럭시는 각각 iOS와 Android 운영체제를 사용하며, 이 두 운영체제는 모두 보안과 암호화 기능, 방식이 있습니다. 일부 전문가들은 애플은 iOS 운영체제 자체를 보안에 중심을 두고 설계했다고 설명하기도 합니다. 실제로 그러했는지는 알 수 없지만, 일반적으로 iOS는 Android와 비교하여 더 폐쇄적으로 운영됩니다. 외부에서의 접근이 더 어렵습니다.

애플은 iOS 운영체제와 관련된 소프트웨어나 하드웨어뿐 아니라 앱 스토어 등을 완벽하게 통제하려 합니다. 애플이 독자적이고 폐쇄적으로 생태계를 운영한다는 말이 여기에서 나온 것이지요. 애플의 하드웨어와 소프트웨어가 긴밀하게 연계되어 외부 개발자들의 애플 iOS 접근이 어렵다는 점도 애플 운영체제의 폐쇄성을 보여줍니다.

반면 갤럭시는 구글이 개발한 Android를 운영체제

로 사용하고 있고, 다양한 제조사가 만드는 휴대전화가 Android를 사용하고 있습니다. 이 때문에 Android를 사용하는 진영은 애플에 비해 좀 더 개방적인 생태계를 가지고 있는 것이지요.

그러나 개방적인 생태계라고 해서 폐쇄적인 생태계보다 보안성 측면에서 떨어진다고 보기는 어렵습니다. Android 진영 또한 나름대로 다양한 측면에서 보안성을 강화하려 하고 있는데, 예를 들면 삼성의 갤럭시는 녹스라는 보안 플랫폼을 통해 데이터를 암호화하고 부팅 프로세스를 안전하게 통제하려 합니다.

결론적으로 아이폰과 갤럭시는 모두 강력한 보안 기능을 위해 운영체제와 하드웨어 측면에서 많은 노력을 기울이고 있습니다. 그렇지만 각각의 시스템은 서로 다른 환경에서 작동되므로, 운영체제의 업데이트 시기, 하드웨어의 출시 시기, 보안 폴더나 비밀번호 입력 개수, 그 밖의 암호화 기능 사용 여부에 따라 보안성의 정도가 달라집니다.

다만 애플은 갈라파고스제도와 같이 고립된 운영체

제를 사용하고 있으니, 수사기관의 접근이 좀 더 까다롭기는 하겠지요.

63

휴대전화 포렌식에서
도대체 무엇을 찾으려고 하는 것인가요?

수사기관은 압수한 휴대전화를 통해 범죄에 대한 직
간접적인 증거물을 찾으려 합니다. 휴대전화로 확보할
수 있는 직접 증거는 한정되어 있습니다. 예를 들어 명
예훼손 사건이라면 그 내용이 포함된 문자 메시지 등이
직접 증거가 될 수 있지요.

물론 간접적인 정보라고 해도 수사에 상당한 도움이
될 수 있습니다. 수사기관이 휴대전화를 통해 얻을 수
있는 정보는 다음과 같습니다.

① 통화 기록: 전화통화 내역, 수신 및 발신 전화번호, 통화 시간과 날짜 등

② 문자 및 메시지: SMS, MMS, 채팅 앱 등을 통한 텍스트 메시지, 이미지, 비디오, 메시지 등을 통해 전송 및 수신 기록, 전송자, 수신자, 송수신 시간 등

③ 이메일: 휴대전화에 로그인된 이메일 계정에 접근하여 전송된 이메일의 내용과 메타데이터를 확인. 이메일 송수신자, 사진이나 비디오 등 이미징 파일 등

④ 소셜 미디어 및 메신저 앱: 페이스북, 인스타그램, 트위터 등의 소셜 미디어 앱 그리고 메신저 앱(카카오톡, WhatsApp 등)을 통한 메시지, 게시물, 사진 등

⑤ 웹브라우징 기록: 인터넷 사용 기록, 방문한 웹사이트 주소, 검색어 등

⑥ 사진 및 비디오: 휴대전화에 저장된 사진과 비디오 파일 등

⑦ 앱 데이터: 설치된 애플리케이션에서 생성된 데이터, 즉 앱 내부의 캐시, 로그인 정보, 활동 기록 등

⑧ 위치 정보: 휴대전화의 GPS 정보를 통해 사용자의
   동선 등

특히 휴대전화의 통화 기록 등을 통해서는 범죄와 밀
접한 내용의 정보를 확보할 수도 있습니다. 즉, 첫 번째
로 '전화통화 내역'은 휴대전화에 수신하거나 발신한 전
화번호와 통화 시간, 날짜를 포함하는데, 이는 통화가
이루어진 시간대와 누가 통화를 걸었는지, 그리고 누가
받았는지를 확인하여 전체적인 범죄 상황을 파악하는
데 큰 도움을 줍니다.

두 번째로 '통화 상대방의 신원 파악'을 통해 범죄 행
위와 관련성 있는 사람들을 확인하게 됩니다. 이때 전화
통화 상대방의 인적 사항은 통신 자료 조회 등으로 확인
이 가능합니다. 세 번째로 '통화 빈도 및 관계 확인' 과
정이 있는데, 이는 통화 기록을 분석하고 특정 인물과의
통화 빈도를 확인하여 범죄와 주변 인물과의 관계를 추
적하는 것입니다.

예를 들어 1개의 휴대전화 번호가 다수의 다른 번호

와 반복적으로 연락을 주고받고 있다면, 그 전화번호의 사용자들 사이의 관계를 가까운 지인, 가족, 연인, 거래처 또는 범행을 계획하고 상의한 공범 등으로 짐작해볼 수 있습니다. 더구나 통신 조회를 통하여 획득한 정보와 기존 사회적 관계에서 확인한 정보를 교차 검증할 경우 수사 대상의 폭을 넓히거나 줄일 수 있는 것이지요.

특정 사건에 관련된 인물들 간의 통화 빈도와 패턴을 분석하여 사건의 동기나 범행 배경에 대한 각자의 역할을 추론하는 것도 가능합니다. 이처럼 휴대전화의 정보를 통해 얻을 수 있는 수사 단서는 상당합니다.

실제 수사기관이 사용하는 포렌식 관련 사항을 좀 설명하면, 보통 휴대전화에서 암호화되거나 액세스할 수 없었던 데이터를 접근하는 방법으로 특정한 포렌식 툴이나 프로그램을 이용하는데, 이러한 프로그램은 앱 데이터, 이미지, 위치 데이터, 이메일, 시스템 애플리케이션 로그, 삭제 데이터 등 전체 파일 시스템을 추출합니다.

이러한 프로그램은 시각적으로 쉽게 알아볼 수 있게 구성되는데, 예를 들면 모든 활동이 시간 순서대로 나열

되는 타임라인 기능이 중심에 있고 그 기능에서 세부적으로 위치 데이터나 연락처, 통화, 인물 관계도 등이 가지처럼 연계되어 있습니다.

휴대전화에서 가장 중요한 통화 내역이나 연락처 등을 분석한 화면에는 송신자, 수신자 이름과 전화번호, 다른 사람들 간의 연락 횟수, 특정 시간 때 발송하거나 수신한 메시지 등이 기록되며, 특히 범죄 시점, 장소 등과 관련성 있는 인물이 그룹으로 형성되기도 합니다.

위치 데이터의 경우 지도 등을 기초로 모든 중요한 이벤트가 표시될 수도 있는데, 예를 들면 위치, 사진, WiFi 연결, GPS, 기지국 등이 표시됩니다. 압수수색 현장이나 사무실에서 디지털 포렌식 과정을 보면 "와, 신기하다"라는 소리가 나오는 경우도 있습니다.

PART 8

압수물의 처리

64

휴대전화를 빨리 받고 싶은데,
수사를 마치기 전이라도 돌려받을 수 있나요?

우리는 '휴대전화'를 압수한다고 생각하지만, 휴대전화라는 물건 자체를 압수하는 경우는 극히 드뭅니다. 영장을 자세히 보면 휴대전화에 저장된 '전자정보'가 압수수색의 대상이라는 것을 확인할 수 있을 것입니다.

수사기관이 휴대전화 저장장치를 이미징하였다면, 사실상 동일한 휴대전화를 확보한 것과 다름없으므로 휴대전화 실물 자체를 계속 압수할 필요는 없습니다.

압수한 물건을 계속 보관할 필요가 없다고 인정되거나 압수물의 소유자 또는 소지자가 계속 사용하여야 할 물건일 경우에는 수사를 마치기 전이라도 돌려주어야 합니다.

실제로 휴대전화가 없으면 업무는커녕 일상생활 자체가 불편해지기 때문에 수사기관에 돌려달라고 요청하는 사람들이 많습니다. 이렇게 압수물 반환 요청이 있는 경우 계속 압수할 필요가 없으면 이에 응하여야 하고, 추가 수사를 위해 계속 압수할 필요가 있는 경우에는 그 이유를 압수 대상자나 그 변호인에게 설명해야 합니다.

65

중국산 배추를 국산 배추라고 속여서 팔다가
걸려서 배추를 모두 압수당했어요.
배추가 다 썩어버리면 어떻게 하지요?

압수물 보관은 수사기관 입장에서 참으로 골치가 아
픈 문제입니다. 파손되거나 분실되는 사고가 나지 않도
록 관리해야 하는 데다가 성질에 따라 부패, 변질되거나
폭발할 가능성이 있는 물건도 있기 때문입니다.

그러한 이유로 수사기관이 압수를 하면 최대한 신속
하게 범죄혐의와 관련성이 있는지 다시 한번 검토하고,
관련성이 없다면 즉시 돌려주고, 관련성이 있다고 하더
라도 압수한 물건 그 자체로 보관할지, 팔아서 그 대가
를 보관할지, 사진으로 촬영해두고 실물은 돌려줄지 결

정을 내리게 됩니다.

형사소송법

제133조(압수물의 환부, 가환부)

❶ 압수를 계속할 필요가 없다고 인정되는 압수물은 피고사건 종
결 전이라도 결정으로 환부하여야 하고 증거에 공할 압수물은
소유자, 소지자, 보관자 또는 제출인의 청구에 의하여 가환부
할 수 있다.

❷ 증거에만 공할 목적으로 압수한 물건으로서 그 소유자 또는 소
지자가 계속 사용하여야 할 물건은 사진촬영 기타 원형보존의
조치를 취하고 신속히 가환부해야 한다.

그러나 압수한 물건을 반환하는 과정에서도 소유자
가 누구인지, 돌려주어야 할 사람에게 제대로 준 것인지
권한 분쟁이 발생할 수도 있고, 잘못 폐기하여 재산권
침해가 문제되는 경우도 있기 때문에 신중을 기하는 편
입니다.

중국산 배추를 국산 배추로 속이는 방식으로 잘못된

생산지 표시를 하였다면, 압수한 배추는 소유자 등 권한이 있는 사람의 동의를 받아 폐기 처분할 수 있을 것입니다.

> **형사소송법**
>
> **제130조(압수물의 보관과 폐기)**
> ❸ 법령상 생산·제조·소지·소유 또는 유통이 금지된 압수물로서 부패의 염려가 있거나 보관하기 어려운 압수물은 소유자 등 권한 있는 자의 동의를 받아 폐기할 수 있다.

66

휴대전화 이미지 파일을
포렌식 한다고 해서 참관했더니
사건과는 관계없는 강아지 사진만 복구되었어요.
그런 사진은 어떻게 하나요?

　　포렌식 과정에서 범죄혐의와 관련된 정보만을 골라
내는 절차를 '선별'이라고 하는데, 범죄와 전혀 관련이
없는 정보는 복원이 불가능한 방법으로 삭제하는 방식
으로 폐기하여야 합니다. 영장에 적힌 범죄사실과 관련
없는 강아지 사진은 당연히 폐기되어야 하는 것이지요.

　　다만, 경우에 따라 강아지 사진이 증거로 사용되어야
할 때가 있을 수 있습니다. 희귀한 혈통의 비싼 강아지
가 없어졌는데, 제3자의 휴대전화에서 그 강아지 사진
이 나온다면(특히 삭제된 후 복구되었다면) 휴대전화 주인이

강아지 절도와 관련이 있다는 강한 의심이 들 수 있습니다. 이 경우 강아지 사진은 별도의 압수수색영장을 발부받아 압수할 수 있습니다.

디지털 증거의 수집·분석 및 관리 규정

제53조(디지털 증거의 폐기 시 유의사항)
범죄사실과 무관한 것으로 확인된 디지털 증거는 폐기하여야 하나, 디지털 증거를 폐기하는 과정에서 향후 재판 절차에 증거로 제출되어야 하는 디지털 증거가 폐기되는 일이 없도록 유의하여야 한다.

제55조(폐기방법)
디지털 증거를 폐기하는 경우에는 복원이 불가능한 기술적 방법으로 삭제하여야 한다.

67

노트를 돌려받지 않겠다고
소유권 포기각서를 제출했습니다.
그런데 노트 안에 있는 내용이 재판에 필요해서
돌려달라고 하고 싶은데, 가능할까요?

　

수사를 받다 보면, 굳이 환부를 요구할 필요가 없는
물건이 있습니다. 이미 사용한 노트 또는 낡은 휴대전화
등은 돌려받는다고 해도 딱히 쓸데가 없어 포기할 수도
있습니다. 이 경우 보통 소유권을 포기하겠다는 각서 형
식의 문서를 작성합니다.

그런데 이미 소유권을 포기하였는데 뒤늦게 압수물
을 돌려달라고 할 수 있을까요. 법원은 압수물을 환부받
을 수 있는 권리를 가지고 있는 사람이 수사기관에 대하
여 형사소송법상 압수물을 환부받을 수 있는 권리를 포

기하겠다는 의사를 밝힌 경우에도, 그 의사표시의 효력은 없다는 입장입니다. 즉, 소유권을 포기한다는 각서를 제출한 경우에도, 압수물을 돌려달라는 절차법상의 권리는 여전히 존재한다는 것이지요.

이는 수사과정에서 수사기관이 보유하고 있는 권한이 상당히 크기 때문에, 설령 압수물에 대한 소유권을 포기한다고 하더라도 그 의사가 완전하게 자발적인 의사라고 보기 힘든 상황을 고려한 것입니다. 또한 압수물을 환부해달라는 권리를 포기하는 상황을 모두 인정한다면, 수사기관이 몰수 권한을 가지고 있지 않은 경우에도 마치 실질적인 몰수가 가능한 상황을 인정하게 되는 것이므로 부당할 수 있습니다.

PART 9

압수수색 다투기

68

위법한 압수수색을 당했습니다.
'준항고'라는 절차가 있다던데
어떻게 해야 하나요?

압수수색은 당사자의 의사와 상관없이 집을 뒤지고, 휴대전화를 가져가는 등 권리 침해의 정도가 큽니다. 이 때문에 법은 압수수색이 잘못되었다고 항의할 수 있는 절차를 규정해놓았습니다. 대표적인 것이 '준항고'입니다.

준항고는 형사소송법 제417조에 규정되어 있는데요, 주로 영장 범위 밖의 물건을 압수하였거나 영장을 보여주지 않거나 변호인 참여권을 알려주지 않는 등 절차적 하자가 있는 경우에 많이 제기됩니다. 특히 위법한 방식으로 임의제출을 받는 경우에도 준항고 대상이 될 수 있습니다.

　준항고가 인용되는 경우 법원은 압수수색 처분을 취소한다는 결정을 내리게 되고, 그 압수수색으로 확보한 압수물은 증거로 사용할 수 없게 됩니다. 나아가 이 압수물을 기초로 한 추가적인 증거들 또한 증거로 사용할 수 없습니다. 위법하게 수집한 증거[독수(毒樹), 독이 있는 나무]에 기초하여 또 다른 증거[독과(毒果), 독이 든 열매]를 확보하였다면 증거로 사용할 수 없다는 유명한 이론이지요.

형사소송법

제417조(준항고)
검사 또는 사법경찰관의 구금, 압수 또는 압수물의 환부에 관한 처분과 제243조의2에 따른 변호인의 참여 등에 관한 처분에 대하여 불복이 있으면 그 직무집행지의 관할법원 또는 검사의 소속 검찰청에 대응한 법원에 그 처분의 취소 또는 변경을 청구할 수 있다.

69

준항고는 처음 듣는데,
어떻게 하는 것인가요?

　준항고는 특정한 강제처분에 대해 불복할 때 제기하는 특별한 소송에 해당합니다. 형사소송법에 규정된 준항고는 크게 두 가지로 구분됩니다. 제416조의 준항고는 법원의 재판에 대한 불복입니다. 구체적으로는 기피신청을 기각한 재판, 구금, 보석, 압수 또는 압수물 환부에 관한 재판, 감정하기 위하여 피고인의 유치를 명한 재판, 증인, 감정인, 통역인 또는 번역인에 대하여 과태료 또는 비용의 배상을 명한 재판에 대해 불복하고자 하는 경우 그 취소 또는 변경을 청구하는 것입니다. 한편 수사과정에서 주로 문제되는 준항고는 제417조의 준항고입니다. 검사 또는 사법경찰관이 구속, 압수, 압수물의 환부 등에 관해 처분을 하거나 피의자를 조사하는 과정에서 변호인의 참여에 관해 처분을 한 경우 법원에 수사기관의 처분을 취소하거나 변경해달라고 요청하는 것입니다.

준항고를 하려면 정해진 형식에 따라 준항고장을 작성해야 합니다. 형사소송법은 준항고를 할 경우 '서면으로 관할 법원에 제출하여야 한다'고 규정하고 있기 때문입니다. 준항고장에는 사건의 개요, 신청 취지, 신청 이유 등이 포함되어야 하며, 구체적인 법적 근거와 함께 해당 처분이 위법하거나 부당하다는 점이 기술되어야 합니다.

준항고가 접수되면 법원은 이를 심리하게 됩니다. 심리 과정에서 법원은 서면 검토를 통해 사건의 내용을 확인하고, 필요에 따라 심문을 진행할 수 있습니다. 이후 법원은 해당 처분의 취소, 변경 여부를 결정합니다. 이후 법원의 결정이 내려지면 준항고 신청인에게 결과가 통지됩니다. 법원이 해당 처분의 위법성을 인정하면 처분이 취소 또는 변경됩니다. 그러나 법원이 위법성이 없다고 판단할 경우 준항고는 기각됩니다.

70

압수수색 도중, 항의에도 불구하고
수사기관이 물건을 가져갔습니다.
법적으로 대응할 수 있는 방법이 있나요?

 압수수색을 한 검사나 수사관이 위법한 방식을 동원하여 압수수색을 하였다면, 직권남용권리행사방해죄의 성립 여부를 생각해볼 수 있습니다.

 직권남용권리행사방해죄는 직권을 남용하여 압수 대상자로 하여금 의무 없이 수색을 당하거나 압수물을 제출하게 하는 등의 상황이 발생하였을 때 성립될 수 있습니다. 사건관계인에게 만약 협조를 하지 않을 경우 공범으로 엮여 강도 높은 수사를 받고 구속이 될 수 있다, 중한 처벌 등을 받을 수 있다는 식의 강압적인 태도로 협조를 요청하였다면 협박죄 등의 성립 여부도 고려해볼 수 있습니다.

위법한 압수수색으로 인하여 손해가 발생하였다면 국가배상법에 따라 손해배상을 청구할 수도 있습니다.

형법

제123조(직권남용)

공무원이 직권을 남용하여 사람으로 하여금 의무 없는 일을 하게 하거나 사람의 권리행사를 방해한 때에는 5년 이하의 징역, 10년 이하의 자격정지 또는 1천만원 이하의 벌금에 처한다.

제283조(협박)

❶ 사람을 협박한 자는 3년 이하의 징역, 500만원 이하의 벌금, 구류 또는 과료에 처한다.

국가배상법

제2조(배상책임)

❶ 국가나 지방자치단체는 공무원 또는 공무를 위탁받은 사인이 직무를 집행하면서 고의 또는 과실로 법령을 위반하여 타인에 게 손해를 입히거나, 「자동차손해배상 보장법」에 따라 손해배 상의 책임이 있을 때에는 이 법에 따라 그 손해를 배상하여야 한다.

국가배상법 제2조는 검사나 수사관이 고의 또는 과실로
법령을 위반하여 손해를 가한 경우 손해배상을 청구할
수 있다고 규정하고 있습니다.

부록　　인권보호수사규칙

인권보호수사규칙

[시행 2021. 6. 9.] [법무부령 제1010호, 2021. 6. 9., 일부개정]

법무부(형사기획과) 02-2110-3545

제1장 총칙

제1조(목적) 이 규칙은 「검찰청법」 제8조 및 제11조에 따라 수사과정에
　　서 사건관계인의 인권을 보호하고 적법절차를 확립하기 위해 검사
　　및 수사업무 종사자가 지켜야 할 사항 등을 정함을 목적으로 한다.

제2조(인권보호의 책무) ① 검사는 피의자, 피해자, 그 밖의 사건관계인
　　(이하 "피의자등 사건관계인"이라 한다)의 인권을 존중하고 적법절
　　차를 준수해야 한다.

　　② 검사는 이 규칙에서 정한 내용이 충실히 이행될 수 있도록 「검찰
　　청법」 제46조에 따라 수사에 관한 사무에 종사하는 검찰수사서기
　　관 등 수사업무 종사자(이하 "수사업무종사자"라 한다)를 지휘·감

독한다.

제3조(가혹행위 등의 금지) ① 어떠한 경우에도 피의자등 사건관계인에게 고문 등 가혹행위를 해서는 안 된다.

② 검사는 가혹행위 등으로 인하여 임의성을 인정하기 어려운 자백을 증거로 사용해서는 안 된다. 진술거부권을 고지받지 못하거나 변호인과 접견·교통이 제한된 상태에서 한 자백도 또한 같다.

제4조(차별의 금지) 합리적 이유 없이 피의자등 사건관계인의 성별, 종교, 나이, 장애, 사회적 신분, 출신지역, 인종, 국적, 용모 등 신체조건, 병력(病歷), 혼인 여부, 정치적 의견 및 성적(性的) 지향 등을 이유로 차별해서는 안 된다.

제5조(공정한 수사) ① 검사는 객관적인 입장에서 공정하게 예단이나 편견 없이 중립적으로 수사해야 하고, 주어진 권한을 자의적으로 행사하거나 남용해서는 안 된다.

② 검사는 피의자등 사건관계인의 가입 정당, 소속 기업, 사회단체, 그 밖의 정치적·경제적·사회적 지위 등에 의해 영향을 받아서는 안 된다.

③ 검사는 피의자등 사건관계인과 친족이거나 친분이 있는 등 수사의 공정성을 의심받을 염려가 있는 경우에는 사건의 재배당을 요청하거나 소속 상급자에게 보고해야 하고, 상급자는 사건을 재배당하는 등 필요한 조치를 해야 한다.

제6조(수사의 비례성) 검사는 그 목적을 달성하기 위해 필요한 범위를 벗어나 수사해서는 안 된다.

제7조(사생활의 비밀 등의 보호) 검사는 수사의 전 과정에서 피의자등 사건관계인의 사생활의 비밀을 보호하고 그들의 명예나 신용이 훼

손되지 않도록 노력해야 한다.

제8조(임의수사의 원칙) ① 검사는 수사과정에서 원칙적으로 임의수사를 활용하고, 강제수사는 필요한 경우에만 법률이 정한 바에 따라 최소한의 범위에서 해야 한다.

② 강제수사가 필요한 경우에도 대상자의 권익 침해의 정도가 더 낮은 수사 절차와 방법을 선택해야 한다.

제9조(수사지휘를 통한 인권보호) 검사는 수사업무종사자의 수사과정에서 인권침해가 발생하는지 여부를 자세히 살펴 그러한 사례가 있는 경우에는 즉시 이를 바로잡게 하는 등 필요한 조치를 해야 한다.

제10조(수사업무종사자의 의무) 수사업무종사자는 이 규칙에서 검사의 의무로 규정한 사항이라 하더라도 그 내용이 자신의 직무와 관련이 있는 경우에는 이를 지켜야 한다.

제11조(인권교육의 실시) ① 검찰청의 장은 인간의 존엄과 가치에 대한 이해도를 높이고 인권 감수성을 제고하기 위해 검사 및 수사업무종사자에 대하여 6개월마다 1회 이상 인권교육을 실시해야 한다.

② 검찰총장 또는 법무연수원장이 대검찰청 또는 법무연수원 등에서 인권보호관 등을 대상으로 교육을 하는 경우에는 인권에 관한 특별교육을 실시해야 한다.

제12조(적용 범위) 검사 및 수사업무종사자가 수사절차에서 지켜야 할 사항 등에 관하여는 다른 법령에 특별한 규정이 없는 한 이 규칙에서 정하는 바에 따른다.

제2장 수사절차에서의 인권보호

제1절 수사의 착수

제13조(내사·수사의 착수) 검사는 범죄정보를 입수하였을 때에는 그 신빙성 유무를 신중하게 검토하여 내사·수사의 착수 여부를 결정해야 한다.

제14조(내사·수사의 종결) 검사는 내사·수사가 부당하게 장기화되지 않도록 하고, 범죄혐의가 없다고 인정되면 신속히 내사·수사를 종결해야 한다.

제15조(부당한 수사방식 제한) ① 검사는 수사 중인 사건의 범죄 혐의를 밝히기 위한 목적만으로 관련 없는 사건을 수사하는 방식으로 부당하게 피의자를 압박해서는 안 된다.

② 검사는 수사 중인 사건과 관련 없는 새로운 범죄혐의를 찾기 위한 목적만으로 수사 중인 사건에 대한 수사기간을 부당하게 지연해서는 안 된다.

제16조(중요 수사 관련 보고) 검사는 다음 각 호의 사건을 수사하거나 처분하는 경우 「검찰보고사무규칙」 제2조 및 제4조에 따라 법무부장관, 검찰총장 및 관할 고등검찰청 검사장에게 지체 없이 충실하게 보고해야 한다.

1. 법무부 소속 공무원의 범죄
2. 판사 또는 변호사의 범죄

3. 국회의원 또는 지방의회의원의 범죄

4. 4급 또는 4급 상당 이상 공무원의 범죄 및 5급 또는 5급 상당 이하 공무원인 기관장의 직무와 관련된 범죄

5. 특히 사회의 이목을 끌만한 중대한 사건

6. 범죄수사·공소유지 또는 검찰정책의 수립·운영에 참고될 사건

제17조(출국금지 등의 억제) 검사는 수사상 부득이한 사유가 있는 경우에만 출국금지나 출국정지를 요청하고, 그 사유가 없어진 경우에는 즉시 출국금지나 출국정지의 해제를 요청해야 한다.

제2절 체포·구속

제18조(체포·구속의 최소화) 체포·구속은 필요 최소한의 범위에 그쳐야 하고 남용해서는 안 된다.

제19조(체포의 남용 금지) 체포는 자백을 강요하기 위한 수단으로 남용되어서는 안 된다.

제20조(불구속수사 원칙) ① 피의자에 대한 수사는 불구속상태에서 함을 원칙으로 한다.

② 구속 여부를 판단할 때에는 다음 각 호의 사항에 유의해야 한다.

1. 피의자의 범죄혐의가 객관적인 증거에 의해 소명되었는지 충분히 검토한다.

2. 범행의 성격, 예상되는 선고형량, 피의자의 성행, 전과, 가족관계, 직업, 사회적 관계, 범행 후의 정황 등을 종합적으로 고려하여 도망이나 증거인멸의 염려 등 구속사유가 있는지 신중하게 판

단하고, 범죄의 중대성, 재범의 위험성, 피해자 및 중요 참고인 등에 대한 위해 우려 등도 고려하여야 한다.

3. 피의자가 범행을 부인하거나 진술거부권을 행사한다는 이유 또는 그 사건이 여론의 주목을 받는다는 이유만으로 곧바로 도망이나 증거인멸의 염려가 있다고 단정하지 않는다.

제21조(구속영장 재청구) 검사는 구속영장 청구가 기각된 경우 기각 사유를 면밀히 검토하고 필요한 보완 조사를 실시한 후 신중하게 재청구 여부를 결정해야 한다.

제22조(구속영장 청구 시 피의자 면담) 검사는 사법경찰관으로부터 신청을 받아 구속영장 청구 여부를 판단하는 경우 인권침해가 의심되거나 그 밖에 구속 사유를 판단하기 위하여 필요한 때에는 피의자를 면담·조사해야 한다.

제23조(체포·구속 시의 준수사항) 피의자를 체포·구속하는 경우에는 다음 각 호의 사항을 지켜야 한다.

1. 체포·구속되는 피의자의 인적사항을 확인해야 한다.

2. 피의자에게 체포·구속하는 공무원의 소속과 성명, 피의사실의 요지, 체포·구속의 이유와 변호인을 선임할 수 있음을 알려주고 변명할 기회를 주어야 한다.

3. 체포·구속되는 피의자가 자해하거나 다른 사람의 신체를 해칠 수 있는 흉기 등 위험한 물건을 가지고 있는지 확인해야 한다.

4. 체포·구속하는 과정에서 피의자 및 현장에 있는 가족 등 지인들의 인격과 명예를 침해하지 않도록 유의한다.

제24조(체포 등의 신속한 통지) ① 검사는 피의자를 체포·구속한 경우에는 지체 없이 변호인이 있으면 변호인에게, 변호인이 없으면 피

의자의 법정대리인·배우자·직계친족·형제자매 중 피의자가 지정한 사람에게 죄명, 체포·구속한 일시와 장소, 범죄사실의 요지, 체포·구속의 이유와 변호인을 선임할 수 있다는 취지를 서면으로 통지해야 한다. 이 경우 통지는 24시간 이내에 하여야 한다.

② 검사는 제1항에 따른 서면통지와는 별도로 체포·구속하여 인치(引致)한 즉시 전화, 문자 메시지 등 전기통신을 이용하여 제1항 전단에 따른 피의자가 지정한 사람에게 그 사실을 통지한다. 다만, 공범의 도피나 증거인멸의 염려 등 특별한 사정이 있거나 체포·구속 당시 제1항 전단에서 정한 사람에게 이미 통지한 때에는 그렇지 않다.

제25조(지명수배의 신속한 해제) 검사는 지명수배자를 검거 또는 인수하였거나 지명수배자가 검찰에 자진출석하는 등 지명수배를 유지하여야 할 필요가 없을 때에는 즉시 지명수배를 해제해야 한다.

제26조(구속의 취소) 검사는 구속 후 실질적인 피해 회복 등 사정변경으로 인하여 피의자에게 증거인멸이나 도망의 염려 등 구속사유가 없어졌다고 판단되는 경우에는 구속취소 등의 적절한 조치를 해야 한다.

제27조(구속사건의 신속한 처리) ① 검사는 구속기간 이내라도 수사가 마무리된 경우에는 신속히 사건을 처리해야 한다.

② 검사는 사건의 실체적 진실 규명을 위하여 계속 수사가 필요한 경우에만 구속기간의 연장을 신청해야 한다.

제28조(구치시설 확인) 검사는 검찰청 안에 설치된 구속피의자등의 구치시설에 대해 체포·구속장소 감찰을 할 때 해당 시설이 수용자의 인권과 건강을 위하여 적절하게 관리되고 있는지를 확인해야 한다.

제3절 압수·수색·검증 등

제29조(압수·수색영장 청구 시의 유의사항) ① 압수·수색·검증은 수사
상 필요한 경우에 최소한의 범위에서 실시해야 한다.

② 검사는 압수·수색영장을 청구할 때에 압수·수색할 물건이나 장
소를 구체적으로 특정해야 하고, 압수·수색의 필요성 및 해당 사건
과의 관련성을 인정할 수 있는 자료를 기록에 첨부해야 한다.

③ 피의자가 아닌 자의 신체·물건·주거, 그 밖의 장소를 수색하기
위한 영장을 청구할 때에는 제2항의 자료 외에 압수할 물건이 있음
을 인정할 수 있는 자료를 함께 기록에 첨부해야 한다.

제30조(압수·수색 시의 준수사항) 검사는 압수·수색과 관련하여 다음
각 호의 사항을 지켜야 한다.

1. 체압수·수색의 대상자에게 압수·수색하는 공무원의 소속과 성
   명을 알려주고, 압수·수색영장을 제시하며, 압수·수색의 사유를
   설명해야 한다.

2. 체압수·수색은 원칙적으로 주간에 실시하되, 부득이한 경우 그
   취지가 기재된 영장에 의하여 야간에 할 수 있다.

3. 체압수·수색의 대상자, 변호인, 그 밖에 참여할 권한이 있는 사
   람에게 압수·수색 과정에 참여할 수 있는 기회를 충분히 보장해
   야 한다.

4. 체압수·수색 과정에서 사생활의 비밀, 주거의 평온을 최대한 보
   장하고, 피의자 및 현장에 있는 가족 등 지인들의 인격과 명예를
   침해하지 않도록 유의한다.

5. 체압수·수색은 수사상 필요한 목적을 달성한 즉시 신속하게 종

료해야 하고, 불필요하게 장시간 진행하지 않도록 해야 한다.

6. 체수사에 필요한 물건만을 압수하고, 다른 물건이 압수 대상물과 섞여 있는 등 부득이한 사유로 압수가 된 경우에는 지체 없이 돌려주어야 한다.

7. 체압수물에 대하여 압수를 계속할 필요가 없으면 수사가 종결되기 전이라도 이를 돌려주어야 한다.

8. 체검사는 압수물 반환 요청이 있는 때에는 계속 압수할 필요가 없으면 이에 응하여야 한다. 다만, 계속 압수할 필요가 있는 경우에는 그 이유를 압수·수색 대상자 또는 그 변호인에게 설명해야 한다.

9. 체회계장부 등 기업의 영업활동에 반드시 필요한 서류 등은 계속 압수할 필요가 없으면 신속히 돌려주어야 하며, 장기간의 압수로 영업 등에 중대한 지장이 있는 경우에는 사본을 교부해야 한다.

제31조(정보저장매체 등의 압수·수색) 검사가 「형사소송법」 제106조 제3항에 따라 정보저장매체 등을 압수·수색하는 경우에는 기억된 정보의 범위를 정하여 출력하거나 복제하여 압수하여야 한다. 다만, 범위를 정하여 출력 또는 복제하는 방법이 불가능하거나 압수의 목적을 달성하기 현저히 곤란하다고 인정되는 경우 또는 압수·수색 대상자(「형사소송법」 제121조 및 제123조에 따른 참여인을 포함한다)의 동의가 있는 경우에는 정보저장매체 등을 압수하거나 정보저장매체 등에 기억된 전자정보 전부를 복제할 수 있다.

제32조(신체의 수색·검증) ① 검사는 대상자의 신체를 수색·검증하는 경우에는 수치심을 느끼거나 그의 명예가 훼손되지 않도록 장소·방법 등을 신중하게 선택해야 한다.

② 여자의 신체에 대하여 수색·검증할 때에는 성년의 여자를 참여하게 해야 한다.

제33조(변사체 검시·부검) 검사는 변사체를 검시하거나 부검하는 경우에는 변사자나 유족의 명예나 사생활의 비밀 등이 침해되지 않도록 유의하면서 예의를 갖추고, 신속하게 절차를 진행하여 유족의 장례 절차에 불필요하게 지장을 초래하지 않도록 한다.

제34조(금융계좌추적) 검사는 금융계좌를 추적하는 경우에는 다음 각 호의 사항에 유의하여야 한다.

1. 체금융계좌추적을 위한 압수·수색영장의 대상자와 유효기간은 혐의 유무의 입증에 필요한 범위에서 최소한으로 해야 한다.

2. 체금융회사 등에 대한 금융거래정보 등 제공사실의 통보유예 요청은 「금융실명거래 및 비밀보장에 관한 법률」 제4조의 2제2항 각 호의 요청 사유가 있는지 신중하게 검토하여 필요 최소한으로 해야 한다.

제35조(통신제한조치 등의 최소화) 검사는 「통신비밀보호법」에 따라 통신제한조치나 통신사실 확인 자료 제공의 허가를 청구하는 경우에는 입증에 필요한 범위에서 최소한으로 해야 한다.

제36조(압수한 물건의 부당한 사용 금지 등) ① 압수한 물건은 적절하게 보관·관리되어야 하고, 수사와 공소유지 등 「검찰청법」 제4조에 따른 정당한 직무 수행에만 활용되어야 한다.

② 압수·수색·검증 과정에서 알게 된 사실은 직무 외에 부당하게 이용하거나 타인에게 누설하지 않아야 한다.

제4절 피의자신문

제37조(출석 요구) 피의자에게 출석을 요구할 때에는 다음 각 호의 사항
에 유의해야 한다.

1. 검사가 「형사소송법」 제200조에 따라 피의자에게 출석을 요구
   하는 경우 조사의 필요성, 우편·전자우편·전화를 통한 진술 등
   출석을 대체할 수 있는 방법의 선택 가능성 등 수사 상황과 진행
   경과를 고려해야 한다.
2. 피의자에게 전화, 문자 메시지 등으로 출석을 요구한 경우 그 사
   실을 서면으로 작성하여 기록에 첨부한다.
3. 출석 요구 방법, 출석 일시 등을 정할 때 피의자의 명예 또는 사
   생활의 비밀이 침해되거나 생업에 지장을 주지 않도록 노력해야
   한다.
4. 피의자에게 출석을 요구할 때에는 특별한 사정이 없는 한 피의자
   가 출석하는데 필요한 시간을 부여하고, 주요 죄명 또는 피의사
   실의 요지 등 출석요구 사유를 알려주어야 한다.
5. 양벌규정을 적용하여 기업체나 그 대표자를 조사하는 경우에는
   가능한 한 우편을 통한 진술 등을 활용하여 기업 활동이 위축되
   지 않도록 한다.
6. 피의자에 대하여 불필요하게 여러 차례 출석 요구를 하지 않는
   다. 특히 진술을 거부하거나 범행을 부인하는 피의자에게 자백을
   강요하기 위한 수단으로 불필요하게 반복적인 출석 요구를 해서
   는 안 된다.

제38조(진술거부권 등의 고지) 검사는 조사하기 전에 피의자에게 진술

을 거부할 권리, 변호인의 조력을 받을 권리 등을 고지하고 진술거
부권고지확인서에 피의자의 서명 또는 기명·날인을 받아 기록에
첨부한다.

제39조(변호인의 접견·교통 보장) ① 검사는 피의자와 변호인 또는 변
호인이 되려는 사람과의 접견·교통을 보장해야 한다.

② 체포·구속된 사람을 소환하였거나 조사하고 있는 중에도 제1항
의 접견·교통은 보장되어야 한다.

제40조(피의자신문 시 변호인의 참여) ① 검사는 신문하기 전에 피의자
에게 변호인을 참여시킬 수 있음을 미리 알려주어야 한다.

② 검사는 피의자나 그 법정대리인·배우자·직계친족·형제자매 또
는 변호인이 신청할 경우에는 피의자신문에 변호인의 참여를 허용
해야 한다.

③ 변호인이 신문을 방해하거나 수사기밀을 누설하는 경우 또는 그
염려가 있는 경우 등 정당한 사유가 있는 때를 제외하고는 제2항의
참여를 불허하거나 퇴거를 요구할 수 없다.

④ 피의자신문에 참여하려는 변호인이 2인 이상일 때에는 피의자
가 피의자신문에 참여할 대표변호인 1인을 지정하고, 지정이 없는
경우 검사가 1인을 지정할 수 있다.

⑤ 검사는 조서 등을 작성하지 않고 단순히 피의자로부터 피의사실
에 대한 의견을 청취한다는 등의 사유로 제1항부터 제4항까지의 적
용을 배제해서는 안 된다.

제41조(피의자 조사 시 신뢰관계인의 동석) 검사는 피의자를 신문하는
경우 다음 각 호의 어느 하나에 해당하는 경우에는 수사에 특별한
지장이 없고 피의자의 의사에 반하지 않는 한 가족 등 신뢰 관계인

의 동석을 허용해야 한다.

1. 피의자가 신체적 또는 정신적 장애로 사물을 변별하거나 의사를 결정·전달할 능력이 미약한 때

2. 피의자의 연령·성별·국적 등의 사정을 고려하여 그 심리적 안정의 도모와 원활한 의사소통을 위해 필요한 경우

3. 피의자가 미성년자인 경우

제42조(피의자의 조사) 피의자를 조사하는 경우에는 다음 각 호의 사항을 지켜야 한다.

1. 피의자가 출석한 경우 지체 없이 조사하고, 부득이한 사유로 조사의 시작이 늦어지거나 조사를 하지 못하는 경우에는 피의자에게 그 사유를 설명해야 한다.

2. 조사 중 폭언, 강압적이거나 모멸감을 주는 언행, 정당한 사유 없이 피의자의 다른 사건이나 가족 등 주변 인물에 대한 형사처벌을 암시하는 내용의 발언 또는 공정성을 의심받을 수 있는 언행을 해서는 안 된다.

3. 피의자에게 피의사실에 대하여 해명할 기회를 충분히 주고, 피의자가 제출하는 자료를 정당한 사유 없이 거부해서는 안 된다.

4. 분쟁을 종국적으로 해결하고 피의자등 사건관계인 모두의 권익에 도움이 되는 경우에는 형사조정을 권유할 수 있다.

5. 검사는 피의자가 출석했으나 조서를 작성하지 않은 경우라도 피의자가 조사장소에 도착하고 떠난 시각, 그 사이 조사장소에서 있었던 상황 등을 별도의 서면에 기재하여 수사기록에 편철해야 한다.

6. 피의자가 기억을 환기하기 위해 수기로 메모하는 것을 허용해야

한다. 다만, 조사과정에서 현출(現出)된 타인의 진술 등 공범의 도피, 증거인멸, 수사기밀 누설 등의 우려가 있거나 제3자의 사생활의 비밀과 평온 또는 생명·신체의 안전 등을 침해할 우려가 있는 내용은 제외한다.

제43조(구속피의자등의 조사) 검사는 구속된 피의자 등 구금시설에 수용 중인 사건관계인(이하 "구속피의자등"이라 한다)을 조사하는 경우 다음 각 호의 사항에 유의해야 한다.

1. 구속피의자등에게 불필요한 출석을 요구하여 변호인이나 가족 등의 접견·교통에 지장을 초래하는 일이 없도록 해야 한다.

2. 구속피의자등이 출석한 경우 지체 없이 조사해야 하며, 부득이한 사유로 장시간 검찰청 안에 설치된 구속피의자등의 구치시설 등에 대기시키거나 조사를 하지 않고 구금시설로 되돌려 보낼 경우에는 그 사유를 설명해야 한다.

3. 관할지역 외의 구속피의자등에 대한 조사가 필요한 경우 사건을 관할 검찰청에 이송하거나 출장·공조수사를 활용해야 한다. 다만, 대질 조사나 장기간의 조사가 필요한 때 등 불가피한 경우에는 이감(移監) 조사를 할 수 있다.

제44조(장시간 조사 제한) ① 검사는 피의자등 사건관계인을 조사할 때에는 대기시간, 휴식시간, 식사시간 등 모든 시간을 합산한 조사시간(이하 "총조사시간"이라 한다)이 12시간을 초과해서는 안 된다. 다만, 조서의 열람만을 위해 피의자등 사건관계인이 서면으로 요청한 경우에는 그렇지 않다.

② 검사는 특별한 사정이 없는 한 총조사시간 중 식사시간, 휴식 시간 및 조서의 열람 시간을 제외한 실제 조사시간이 8시간을 초과하

지 않도록 해야 한다.

③ 제1항에도 불구하고 검사는 다음 각 호의 어느 하나에 해당하는 경우에는 총조사시간을 초과하여 조사할 수 있다.

1. 피의자등 사건관계인이 국외 출국, 입원, 원거리 거주, 직업 등 재출석이 곤란한 구체적 사유를 들어 서면으로 요청하고(변호인이 총조사시간을 초과한 조사에 동의하지 않는다는 의사를 명시한 경우는 제외한다), 그 요청에 상당한 이유가 있다고 인정되는 경우

2. 공소시효의 완성이 임박하거나 검사가 체포시한[「형사소송법」제200조의 2제 5항(제213조의 2에서 준용하는 경우를 포함한다) 및 제200조의 4제 1항에 따른 시한을 말한다] 내에 구속 여부 판단을 위해 피의자등 사건관계인을 신속히 조사할 필요가 있는 경우

④ 검사는 피의자등 사건관계인의 조사를 마친 후 최소한 8시간이 경과하기 전에는 다시 조사할 수 없다. 다만, 제3항 각 호의 어느 하나에 해당하는 경우에는 그렇지 않다.

제45조(심야조사 제한) ① 검사는 조사, 신문, 면담 등 명칭을 불문하고 오후 9시부터 오전 6시까지 사이에 조사(이하 "심야조사"라 한다)를 해서는 안 된다. 다만, 검사는 이미 작성된 조서의 열람을 위한 절차는 자정 이전까지 진행할 수 있다.

② 검사는 제1항에도 불구하고 다음 각 호의 어느 하나에 해당하는 경우에는 서면으로 소속 검찰청 인권보호관의 허가를 받아 심야조사를 할 수 있다.

1. 피의자등 사건관계인이 국외 출국, 입원, 원거리 거주, 직업 등

재출석이 곤란한 구체적 사유를 들어 심야조사를 요청하고(변호인이 심야조사에 동의하지 않는다는 의사를 명시한 경우는 제외한다), 그 요청에 상당한 이유가 있다고 인정되는 경우

2. 공소시효의 완성이 임박하거나 검사가 체포시한[「형사소송법」 제200조의 2제 5항(제213조의 2에서 준용하는 경우를 포함한다) 및 제200조의 4제 1항에 따른 시한을 말한다] 내에 구속 여부 판단을 위해 피의자등 사건관계인을 신속히 조사할 필요가 있는 경우

③ 각급 검찰청의 인권보호관은 제2항에 따른 심야조사 허가 내역을 대검찰청 인권보호관에게 월별로 보고해야 한다.

제46조(소년에 대한 특칙) ① 검사는 소년(「소년법」 제2조에 따른 소년을 말한다. 이하 같다)인 피의자등 사건관계인을 조사할 경우에는 제44조 제1항에도 불구하고 총조사시간은 8시간을 초과하지 못한다. 다만, 조서의 열람만을 위하여 소년인 피의자등 사건관계인과 법정대리인이 서면으로 요청한 경우에는 그렇지 않다.

② 검사는 특별한 사정이 없는 한 총조사시간 중 식사시간, 휴식 시간 및 조서의 열람 시간을 제외한 실제 조사시간이 6시간을 초과하지 않도록 해야 한다.

③ 제1항에도 불구하고 검사는 다음 각 호의 어느 하나에 해당하는 경우에는 총조사시간을 초과하여 조사할 수 있다.

1. 소년인 피의자등 사건관계인과 법정대리인이 국외 출국, 입원, 원거리 거주, 직업 등 재출석이 곤란한 구체적 사유를 들어 서면으로 요청하고(변호인이 있는 경우 변호인도 이에 동의한 경우로 한정한다), 그 요청에 상당한 이유가 있다고 인정되는 경우

2. 공소시효의 완성이 임박하거나 검사가 체포시한[「형사소송법」
제200조의 2제 5항(제213조의 2에서 준용하는 경우를 포함한
다) 및 제200조의 4제 1항에 따른 시한을 말한다] 내에 구속 여
부 판단을 위해 소년인 피의자등 사건관계인을 신속히 조사할 필
요가 있는 경우

④ 검사는 소년인 피의자등 사건관계인의 조사를 마친 후 최소한 8
시간이 경과하기 전에는 다시 조사할 수 없다. 다만, 제3항 각 호의
어느 하나에 해당하는 경우에는 그렇지 않다.

제47조(휴식시간 부여 등) ① 검사는 조사에 장시간이 소요되는 경우에
는 특별한 사정이 없는 한 조사 도중에 최소한 2시간마다 10분 이
상의 휴식시간을 주어야 한다.

② 피의자가 조사 도중에 휴식시간을 요청하는 때에는 그 때까지 조
사에 소요된 시간, 피의자의 건강상태 등을 고려하여 적정하다고 판
단될 경우 이를 허락하여야 한다.

③ 검사는 조사 중인 피의자의 건강상태에 이상이 발견된 때에는 의
사의 진료를 받게 하거나 휴식을 취하게 하는 등 필요한 조치를 해
야 한다.

④ 제1항부터 제3항까지의 규정은 피내사자, 피해자, 참고인 등 다
른 사건관계인을 조사하는 경우에 준용한다.

제48조(자백의 증명력 판단 시 유의사항) ① 검사는 피의자의 자백이 경
험법칙에 위배되는 등 합리성이 의심되는 경우에는 자백하게 된 경
위를 살펴 그 신빙성 유무를 검토해야 한다.

② 공범의 진술이 피의자의 혐의를 인정할 유일한 증거인 경우에는
그 증명력 판단에 더욱 신중해야 한다.

제5절 범죄피해자 및 참고인 조사

제49조(범죄피해자의 진술권 보장 등) ① 검사는 수사과정에서 범죄피해자가 사실관계나 양형(量刑)에 대한 의견 등을 진술하거나 증거자료를 제출할 기회를 충분히 주어야 한다.

② 검사는 피해자가 요청할 경우 공판절차에서 해당 사건에 관한 의견을 충분히 진술할 수 있도록 법원에 증인을 신청하는 등 필요한 조치를 해야 한다.

제50조(피해자에 대한 정보 제공) ① 검사는 피해자의 요청이 있는 경우 공소제기·불기소·기소중지·참고인중지·이송 등 처분결과에 대한 정보를 제공하여야 한다.

② 제1항의 경우에 정보 제공을 요청하는 사람이 피해자인지 여부가 확인되지 않는 경우 또는 정보 제공으로 피의자등 사건관계인의 명예나 사생활의 비밀 또는 생명·신체의 안전이나 생활의 평온을 해칠 우려가 있는 경우에는 그 사유를 설명하고 정보 제공 요청에 응하지 않을 수 있다.

제51조(2차 피해 방지) 검사는 수사와 공판과정에서 다음 각 호의 사항에 유의하여 피해자가 추가적인 피해를 입지 않도록 노력해야 한다.

1. 피해자의 인격과 사생활의 비밀을 존중하고 피해자가 입은 정신적·육체적 고통을 충분히 고려한다.

2. 피해자를 정당한 사유 없이 반복적으로 조사하거나 증인으로 신청하지 않는다.

3. 피해자가 피의자나 그 가족 등과의 접촉을 원하지 않는 경우 별도의 대기실에서 머물도록 하는 등 분리조치를 한다.

제52조(피해자 등 조사 시 신뢰관계인의 동석) 검사는 피해자나 그 밖의 참고인이 다음 각 호의 어느 하나에 당하는 경우에는 수사에 특별한 지장이 없고 본인의 의사에 반하지 않는 한 가족 등 신뢰 관계에 있는 자의 동석을 허용하여야 한다.

1. 피해자나 그 밖의 참고인이 신체적 또는 정신적 장애로 사물을 변별하거나 의사를 결정·전달할 능력이 미약한 경우
2. 피해자나 그 밖의 참고인의 연령·성별·국적 등의 사정을 고려하여 그 심리적 안정의 도모와 원활한 의사소통을 위하여 필요한 경우
3. 피해자나 그 밖의 참고인이 미성년자인 경우

제53조(전용조사실 이용 등) ① 피해자가 범행 당시의 충격이나 불안감, 수치심 등으로 공개된 장소에서 충분한 진술을 할 수 없다고 인정되는 경우에는 특별한 사정이 없는 한 전용조사실을 이용한다.

② 성폭력 피해자가 19세 미만이거나 신체적·정신적 장애로 사물을 변별하거나 의사를 결정할 능력이 미약한 때에는 피해자의 진술 내용과 조사과정을 영상녹화장치로 촬영하여 보존한다.

③ 제2항에 따른 영상 녹화는 피해자나 법정대리인이 이를 원하지 않는 경우에는 촬영해서는 안 된다. 다만, 가해자가 친권자 중 한쪽인 경우는 그렇지 않다.

④ 제2항의 경우 검사는 피해자나 법정대리인이 영상—녹화 과정에서 작성한 조서 사본의 교부를 신청할 때에는 이에 응해야 한다.

제54조(피해자 등의 신변 보호) ① 검사는 「특정범죄신고자 등 보호법」에 규정된 특정범죄를 수사하는 과정에서 보복이 우려되는 경우에는 같은 법에 따라 신고자나 피해자 및 그 가족 등의 신변 보호를 위

해 참고인 또는 증인으로 출석·귀가할 때의 동행 등 필요한 조치를 해야 한다.

② 제1항의 경우 외에도 피해자 등이 형사소송절차에서의 진술·증언과 관련하여 보복을 당할 우려가 있는 경우에는 이를 방지하기 위하여 피고인이나 방청인이 퇴정(退廷)하거나 공개법정 외의 장소에서 증인신문할 것을 법원에 신청하는 등 필요한 조치를 해야 한다.

제55조(피해자의 권리 고지와 유익한 정보 제공) ① 검사는 피해자를 조사할 때 법정에서의 진술권, 처분결과에 대한 정보 요청권 등 피해자의 권리를 알려주어야 한다.

② 검사는 압수물 환부·가환부, 배상명령, 형사재판상 화해, 범죄피해자구조, 교통사고피해자보상 등 해당 피해자가 피해를 회복하는 데에 도움이 될 수 있는 제도를 안내한다.

③ 각급 검찰청의 장은 피해자지원센터나 「법률구조법」 제8조에 따른 대한법률구조공단(이하 "대한법률구조공단"이라 한다)의 위치와 연락처 등 피해자에게 유익한 정보를 제공하기 위하여 안내 자료를 비치하는 등 필요한 노력을 하여야 한다.

제56조(성폭력 등 피해자의 보호) ① 성폭력·가정폭력(이하 "성폭력 등"이라 한다) 범죄의 피해자를 조사하는 경우에는 특히 다음 각 호의 사항에 유의해야 한다.

1. 피해자의 나이, 심리상태, 후유장애의 유무 등을 신중하게 고려하여 조사과정에서 피해자의 인격이나 명예가 손상되거나 사생활의 비밀이 침해되지 않도록 주의한다.

2. 피해자가 편안한 상태에서 진술할 수 있는 조사환경을 조성하고 조사 횟수는 필요한 범위에서 최소한으로 한다.

3. 피해자에게 출석 요구를 하거나 피해자를 조사할 때에는 피해사
   실이 다른 사람에게 노출되지 않도록 주의한다.

4. 피해자에게 친절하고 온화한 태도로 질문하고, 피해자를 비난하
   는 발언이나 피해자가 수치심을 느낄 수 있는 저속한 표현을 해
   서는 안 된다.

5. 성적 수치심을 불러일으킬 수 있는 신체의 전부 또는 일부를 촬
   영한 사진이나 영상물(CD, 비디오테이프 등을 말한다)이 증거자
   료로 제출된 경우에는 이를 수사기록과 분리·밀봉하여 수사기록
   끝에 첨부하거나 압수물로 처리하는 등 일반인에게 공개되지 않
   도록 필요한 조치를 해야 한다.

6. 피해자의 사생활 비밀의 보호 등 상당한 이유가 있을 때에는 재
   판을 비공개로 진행하여 줄 것을 법원에 요청한다.

② 각급 검찰청의 장은 성폭력등 범죄에 대하여 전담검사를 지
정·운영하고, 성폭력등 범죄의 수사업무에 종사하는 자에 대하여
수시로 필요한 교육·훈련을 실시해야 한다.

제57조(피해자·참고인의 조사) ① 검사가 「형사소송법」 제221조에 따
라 피해자나 그 밖의 참고인에 대한 출석을 요구하는 경우 조사의
필요성, 우편·전자우편·전화를 통한 진술 등 출석을 대체할 수 있
는 방법의 선택 가능성, 해당 사건 수사와의 관련성 등 수사 상황과
진행 경과를 충분히 고려해야 한다.

② 피해자나 그 밖의 참고인에게 전화, 문자 메시지 등으로 출석을
요구한 경우 그 사실을 서면으로 작성하여 기록에 첨부한다.

③ 피해자나 그 밖의 참고인을 출석 요구하여 조사한 후 동일인에
대해 재차 출석 요구를 하는 경우에는 제1항에 따른 고려 사항 및

재차 출석의 필요성을 검토해야 한다.

④ 반드시 조사가 필요한 피해자나 그 밖의 참고인이 출석을 거부하더라도 정중하게 협조를 요청해야 하며, 불필요하게 반복적으로 또는 출석하지 않으면 피의자로 입건하여 수사할 수 있다거나 체포영장이 발부될 수 있다고 언급하는 등 강압적인 방법으로 출석을 강요해서는 안 된다.

⑤ 피해자나 그 밖의 참고인이 원거리에 거주하는 경우에는 우편이나 전자우편을 통한 진술서, 녹음·녹화 조사, 공조수사를 적극 활용해야 한다.

⑥ 피해자나 그 밖의 참고인이 출석한 경우 지체 없이 조사하고, 부득이한 사유로 조사의 시작이 늦어지거나 조사를 하지 못할 경우에는 그 사유를 설명해야 한다.

⑦ 녹음·녹화 조사제와 시차제 출석 요구 제도 등을 적극 활용하여 불필요한 출석 요구나 장시간 대기를 방지하며, 피의자와의 대질조사는 불가피한 사정이 있고 사건당자사가 동의한 경우에 한정하여 할 수 있다.

⑧ 피해자나 그 밖의 참고인을 조사할 때에는 폭언, 강압적이거나 모멸감을 주거나 공정성을 의심받을 수 있는 언행을 해서는 안 되고, 사생활에 대한 조사는 수사상 반드시 필요한 경우로 한정한다.

제6절　소년·장애인·외국인

제58조(소년에 대한 조사) ① 검사는 소년인 피의자에 대하여 심신상태,

성행, 경력, 가정상황, 그 밖의 환경을 조사하고 피의자의 비행 원인을 진단한 후 그에 따라 적절히 처분하여 피의자가 건전한 사회인으로 복귀할 수 있도록 노력해야 한다.

② 소년을 조사하는 경우에는 나이, 지적 능력, 심신상태 등을 이해하고 조사에 임해야 하며, 친절하고 부드러운 어조를 사용해야 한다.

제59조(구속의 억제 등) ① 소년에 대한 구속수사는 당사자의 심신이나 장래에 미칠 영향을 고려하여 특히 신중해야 한다.

② 소년인 피의자가 체포·구속된 경우에는 다른 사건보다 우선하여 그 사건을 조사하는 등 신속한 수사를 위해 노력해야 한다.

제60조(장애인에 대한 조사) ① 청각 및 언어장애인이나 그 밖에 의사소통이 어려운 장애인을 조사하는 경우에는 수화·문자통역을 제공하거나 의사소통을 도울 수 있는 사람을 참여시켜야 한다.

② 장애인인 피의자에게는 대한법률구조공단의 법률구조 신청에 대하여 안내해 준다.

제61조(외국인에 대한 통역) 외국인을 조사하는 경우에는 당사자가 이해할 수 있는 언어로 통역해주어야 한다.

제62조(외국 영사관원과의 접견·통신) ① 외국인을 체포·구속하는 경우에는 우리나라 주재 본국 영사관원과 자유롭게 접견·통신할 수 있고, 체포·구속된 사실을 영사기관에 통지하여 줄 것을 요청할 수 있다는 사실을 알려야 한다.

② 체포·구속된 외국인이 제1항에 따른 통지를 요청할 경우에는 지체 없이 해당 영사기관에 체포·구속된 사실을 통지해야 한다.

제7절 사건의 처분 및 공판

제63조(사건의 결정) 검사는 사건을 결정할 때에 다음 각 호의 사항에
유의하여야 한다.

1. 실체적 진실을 제대로 규명하였는지, 피의자등 사건관계인에게
   의견을 진술할 기회를 충분히 주었는지 또는 사건의 발단이나 경
   위 등을 살펴 억울한 사정이 없는지 등을 검토해야 한다.
2. 피의자가 관련 사건으로 이미 처벌을 받은 경우에는 병합 수사나
   재판을 받지 못하여 받게 되는 불이익을 고려한다.
3. 불기소사건을 재기(再起)한 사건이나 이송된 사건은 신속히 종
   국 처분을 한다.
4. 수사 결과 인권보호를 위하여 법령을 개정할 필요가 있는 사항은
   개선을 적극적으로 건의한다.

제64조(고소·고발사건의 불기소처분) 검사는 고소·고발사건을 불기소
처분을 하는 경우에는 다음 각 호의 사항에 유의해야 한다.

1. 고소·고발이 취소되지 않은 사건은 처분 전에 고소·고발인에게
   구두나 서면으로 의견을 진술할 기회를 준다. 다만, 불기소 사유
   에 해당함이 명백하거나 수사-과정에서 그와 같은 기회가 주어
   진 경우에는 그렇지 않다.
2. 고소·고발사실에 대하여 혐의를 인정하기 어려운 경우에도 사건
   기록으로 확인되는 여러 사정을 살펴 사을 종국적으로 해결하도
   록 노력해야 한다.
3. 불기소 결정서는 사건관계인이 쉽게 이해할 수 있고 처분결과를
   충분히 납득할 수 있도록 쉬운 문장을 사용하고 사실과 주요 쟁

점에 대한 판단이 빠지지 않도록 작성하여야 한다.

제65조(고소·고발사건의 각하) 검사는 사건을 각하하는 경우 특별한 사정이 없으면 피의자등 사건관계인에게 출석 요구를 하거나 그 처리를 지연해서는 안 된다.

제66조(사건의 종국적·근원적 해결) ① 검사는 다음 각 호의 사항에 유의하여 기소중지, 참고인중지, 이송 등의 처분을 최대한 억제해야 한다.

1. 피의자나 참고인의 소재에 대한 수사를 철저히 한다.

2. 참고인중지 처분을 하는 경우에는 먼저 그 참고인의 진술이 사건의 실체적 진실 규명에 꼭 필요한지 여부를 판단한다.

3. 피의자나 참고인의 소재불명으로 기소중지 처분이나 참고인중지 처분을 하는 경우라도 그 외의 증거에 대한 조사를 철저히 하여 피의자나 참고인의 소재가 발견된 후에 재차 수사가 지연되지 않도록 노력하여야 한다.

4. 참고인중지 처분을 한 경우에는 정기적으로 참고인에 대한 소재수사를 한다.

5. 공조수사의 방법으로 조사할 수 있는 사건은 참고인이 관할구역 밖에 거주한다는 이유로 이송하지 않는다.

② 동일 또는 관련 사건에 대하여 복수의 수사기관에서 수사 중일 때에는 사건의 이송 등 병합에 필요한 조치를 하여 사건을 종국적으로 해결할 수 있도록 노력해야 한다.

제67조(공판) 검사는 공소제기 후나 공판과정에서 다음 각 호의 사항에 유의해야 한다.

1. 기소한 이후에도 피고인에게 유리한 증거나 자료가 발견된 경우

에는 이를 재판부에 제출한다.

2. 피해 회복 여부 등 피해자와의 관계, 범행 후의 정황 등 공소제기 후의 사정까지 구형에 반영하여 적정한 판결이 선고될 수 있도록 노력한다.

3. 상소 여부를 결정할 때에는 인용 가능성을 충분히 고려해야 한다.

제68조(형사보상제도의 안내) 검사는「형사보상 및 명예회복에 관한 법률」에 따른 보상청구 자격이 인정된다고 판단되는 피의자나 피고인에게 보상을 청구할 수 있도록 제도를 안내해야 한다.

제3장   인권보호를 위한 제도

제69조(인권보호관의 지정 등) ① 수사 등 형사사법절차에서 인권보호와 적법절차의 보장을 강화하기 위하여 각급 검찰청에 인권보호관을 둔다.

② 각급 검찰청의 인권보호관은 다음 각 호의 검사로 한다.

1. 대검찰청: 인권정책관

2. 고등검찰청, 지방검찰청 및 차장검사가 있는 지청: 법조경력 10년 이상의 검사

3. 차장검사가 없는 지청: 지청장

③ 제2항 제2호에 따른 인권보호관은 소속 검찰청의 장을 직접 보

좌한다.

④ 대검찰청을 제외한 각급 검찰청의 장은 소속 검사를 인권보호담당관으로 지정할 수 있다.

[전문개정 2021. 6. 9.]

제70조(인권보호관의 직무) 인권보호관은 인권 관련 제도의 개선, 인권개선에 필요한 실태 및 통계 조사, 인권교육, 심야조사의 허가와 이 규칙에 위배되는 사항에 대한 시정 등 인권보호와 관련된 업무를 수행한다.

제71조(인권보호담당관의 직무) ① 인권보호담당관은 인권보호관의 직무를 보좌하며, 필요한 경우에는 인권보호관의 지시나 위임을 받아 제70조의 업무를 수행할 수 있다.

② 인권보호담당관은 인권보호와 관련한 상담 업무를 수행한다.

제72조(인권침해 신고의 처리절차) ① 피의자 등 사건관계인이 검사 및 수사업무종사자의 직무집행과 관련하여 이 규칙 위반이나 그 밖에 인권침해에 관한 신고를 한 경우에는 해당 신고를 내사사건이나 진정사건으로 수리하여 처리한다.

② 인권보호관은 인권침해 사건의 수리와 그 처리상황 등을 감독해야 한다.

③ 각급 검찰청의 장은 중요한 인권침해 사건을 수리하거나 처리한 경우에는 지체 없이 법무부장관과 검찰총장에게 보고하여야 한다.

제73조(불이익 금지) 검사 및 수사업무종사자는 피의자 등 사건관계인이 인권침해 신고나 그 밖에 인권 구제를 위한 행위를 하였다는 이유로 부당한 대우를 하거나 그 밖의 불이익을 주어서는 안 된다.

제74조(인권보호 제도의 안내) 각급 검찰청의 장은 피의자등 사건관계

인이 수사절차에서 갖는 권리와 그 권리가 침해되었을 때의 구제방법을 안내하기 위하여 관련사항을 정리한 자료를 비치하고, 이 규칙 중 장시간조사 제한, 심야조사 제한, 휴식시간 부여 등 주요 내용을 정하여 조사를 시작하기 전에 피의자등 사건관계인이 알 수 있도록 필요한 조치를 해야 한다.

제75조(인권에 관한 의견 청취) ① 각급 검찰청의 장은 피의자등 사건관계인의 인권보호·향상에 관한 국가인권위원회나 각종 인권단체의 권고, 그 밖의 일반 국민의 의견을 경청하고 이를 인권에 관한 각종 제도의 개선에 반영하도록 노력해야 한다.

② 인권보호·향상에 관한 의견을 적극적으로 청취하기 위해 검찰 시민옴부즈맨 제도, 검찰시민모니터 제도 등을 적극 활용한다.

제4장 보칙

제76조(위반행위에 대한 보고) ① 인권보호관(제69조 제2항 제3호에 따른 인권보호관은 제외한다)은 소속 청의 검사 및 수사업무종사자가 이 규칙을 위반하여 현저하게 사건관계인의 인권을 침해했거나 적법절차를 위반하였다고 볼 상당한 이유가 있는 경우에는 소속 청의 장에게 보고해야 한다. 〈개정 2021. 6. 9.〉

② 각급 검찰청의 장은 다음 각 호의 구분에 따른 사항을 법무부장

관과 검찰총장에게 보고해야 한다. 〈개정 2021. 6. 9.〉

1. 대검찰청, 고등검찰청, 지방검찰청 및 차장검사가 있는 지청의 장: 제1항에 따라 보고받은 사항
2. 차장검사가 없는 지청의 장: 소속 청의 검사 및 수사업무종사자의 제1항의 위반 사항

제77조(교육) 법무부장관은 검사 및 수사업무종사자의 수사 절차상 인권보호 및 적법절차 준수를 위해 적절한 교육을 실시해야 한다.

제78조(시행세칙) 이 규칙을 시행하기 위해 필요한 세부 사항은 검찰총장이 정한다.

부칙 〈제1010호, 2021. 6. 9.〉

제1조(시행일) 이 규칙은 공포한 날부터 시행한다.

제2조(고등검찰청 등의 인권보호관에 관한 경과조치) 이 규칙 시행 당시 종전의 규정에 따라 지정된 고등검찰청, 지방검찰청 및 차장검사가 있는 지청의 인권보호관은 제69조 제2항 제2호의 개정규정에도 불구하고 별도로 인권보호관을 배치할 때까지 인권보호관의 업무를 수행한다.

참고 문헌

단행본

강동욱, 「형사소송법」, 오래, 2023.
경찰청, 「현장경찰관을 위한 디지털 증거 압수·수색 매뉴얼」, 2020.
사법연수원, 「법원실무제요 형사(Ⅲ)」, 2022.
사법정책연구원, 「압수·수색 절차의 개선방안에 관한 연구」, 2016.
사법정책연구원, 「디지털 증거 압수수색 개선방안에 관한 연구-법률 개정에 관한 논의를 중심으로-」, 2021.
한국사법행정학회, 「주석 형사소송법(1)」(제6판), 2022.

논문

강동범, 「체포현장에서 임의제출한 휴대폰의 압수와 저장정보의 수집」, 「형사소송 이론과 실무」 제13권 제3호, 2021.
강민기·박수경·이봉규, 「몰수 대상 디지털 증거 압수·수색의 실무상 문제점과 개선방안」, 「경찰학연구」 제18권 제1호, 2018.
권양섭, 「판례에서 바라본 디지털 증거의 증거능력에 관한 고찰」, 「정보보호학회지」 제26권 제5호, 2016.
김성룡, 「전자정보에 대한 이른바 '별건 압수·수색'-대법원 2015. 7. 16. 선고 2011모1839 전원합의체 결정의 평석을 겸하여-」, 「형사법의 신동향」 통권 제49호, 2015.
김봉수, 「전자증거의 수집 및 조사에 대한 형사소송법적 검토」, 「법학논총」 제34권 제2호, 2014.
김영규, 「미국 연방대법원의 "휴대폰에 저장된 개인정보 보호"에 대한 판결의 의의」, 「형사정책연구」 통권 제100호, 2014.
노명선, 「디지털 증거의 압수·수색에 관한 판례 동향과 비교법적 고찰」, 「형사법의 신동향」 통권 제43호, 2014.
박정난, 「임의제출된 휴대폰 내 전자정보의 압수범위 및 피압수자의 참여권 보장」, 「법조」 제71권 제2호, 2022.
서태경, 「형사소송법 제106조 제3항 단서에 따른 수사기관의 압수에 관한 검토-피의자·변호인의 참여권을 중심으로-」, 「법학논총」 제39권 제3호, 2015.
이완규, 「디지털 증거 압수수색과 관련성 개념의 해석」, 「법조」 62권 11호, 2013.
이인곤, 「형사절차상 디지털 증거 압수·수색에 대한 문제점과 개선방안」, 「한국경찰연구」 제15권 제4호, 2016.
최병각, 「휴대폰의 압수와 저장정보의 탐색」, 「비교형사법연구」 제22권 제3호, 2020.

발간자료

대검찰청, 「2023 범죄분석」.
경찰청, 「2022 범죄통계」.

대한민국 압수수색 일문일답

ⓒ 김숙정·허윤, 2025

초판 1쇄 인쇄일 2025년 1월 15일
초판 1쇄 발행일 2025년 2월 3일

지은이   김숙정 허윤
펴낸이   정은영
편집   유지서 정사라 서효원 장새롬 전옥진 이주연
디자인   서은영
마케팅   최금순 이언영 연병선 송의정 권재은
제작   홍동근

펴낸곳   ㈜자음과모음
출판등록   2001년 11월 28일 제2001-000259호
주소   10881 경기도 파주시 회동길 325-20
전화   편집부 (02)324-2347, 경영지원부 (02)325-6047
팩스   편집부 (02)324-2348, 경영지원부 (02)2648-1311
이메일   inmun@jamobook.com

ISBN 978-89-544-5235-9 (03300)